한용운문학상 수상 시인
춘녀의 마법

샘문시선 1029
이동춘 시선집
한용운문학상 수상 시집

그들과 함께한 황혼의 삶으로
아픔슬펐던 노인의 외로움은 사라지고
우리 집은 기쁨의 집이며
벗들과 소통하는 집이며
화원의 꽃들과 눈 맞추는 낙원
〈낙원, 일부 인용〉

멈추지 않는 시간
상실의 시간 이기에
소환할 수 없는 시간이기에
겸허 하라, 낮아지라
가슴 헤집는 소리
새벽녘 자박거리는 초침 소리에
깨우치는 하늘이 열렸다
〈상실의 시간, 일부 인용〉

나의 지나온 흔적과
나의 오늘과 내일의 이야기들을
하나 둘 채워서
내 인생을 조각하고 싶을 뿐
먼 훗날 나, 다다라 머물러야 할 그곳에
〈여백 하나면 족하리, 일부 인용〉

_____ 님께

_____ 년 _____ 월 _____ 일

_____ 드립니다.

도서출판 샘문

한용운문학상 수상시인

춘녀의 마법

이동춘 서정시집

나눔의 성자 까치밥에 가르침을 받다

앙상한 감나무 삭정이 끝에
선홍빛 노을이 머무른다
지친 길손을 기다리는 홍시 하나

제 몸을 내어주는 나눔의 성자 까치밥,
나는 누구에게 단 한 번이라도
나를 나누어 준 적 있었던가?

붉게 익어가는 노을을 닮아가는 나
원초아 삶을 살아왔던 나
오늘 성자의 가르침을 받습니다

까치밥의 의미를 찾은 황혼 역
누군가를 배려하고 사랑하는 성자가 되라는
가르침이 삭정이 끝에서 파르르 떤다

〈이동춘 詩, 성자 전문〉

첫 시집을 상제하면서 한없이 부족하다는 생각에 부끄럽기 이를 데 없습니다만 미약한 걸음마일지라도 아기의 첫걸음을 축복하듯 지켜봐 주셨으면 합니다.

이번 시집 출간에 많은 격려와 도전으로 함께 해주신 사단법인 문학그룹 샘문과 샘문시선 발행인이신 이정록 회장님과 샘문시선 출판부 편집위원과 임직원 여러분, 회원 여러분들, 한국문단 문우여러분, 독자여러분께 큰 감사의 마음을 전합니다.

시인의 말

또한 부족한 글에 평론을 써 주심으로 후배의 첫걸음을 축복해 주신 한국문단의 큰 어르신이신 대한민국예술원 이근배 회장님과 평설을 해 주신 대전대학교 김소엽 석좌교수님께 머리 숙여 깊은 감사를 드립니다.

제 인생에 있어서 늘 응원해주시는 사랑하는저의 가족들에게 진심으로 고맙다는 말을 전합니다.
그리고 존경하고 사랑하는 친구들과 지인 여러분들께도 깊은 감사의 말씀 전합니다.

2022년 1월 20일

시인 이동춘 사룀

정적 절규와 성전의 기도가 영혼을 울리다

- 이근배 (시인, 교수, 대한민국예술원 회장)

이동춘 시인의 가슴으로부터 토해내는 이야기들을 들으면 가슴이 촉촉히 젖는다. 아버지 어머니 형과 가족들에 대한 사랑과 그리움, 본향에 대한 향수가 그의 시에 은은하게 배어 있고 특히 어린 나이에 유명을 달리한 조카에 대한 연민과 그리움과 측은지심이 잔뜩 묻어있다. 또한 상처받은 자들을 위한 치유의 노래와 사회적 약자들을 보듬고 그리운 사람들을 소환하는 그의 시어는 독자에게 깊은 울림을 줄 것이다.

이동춘 시인은 2021년 5월 22일에 샘문뉴스가 주최하고 샘문그룹이 주관하여 개최된 〈신춘문예〉에서 시부문 〈대상〉을 수상하였고 같은 해 2021년 11월 29일에 사단법인 문학그룹 샘문이 주최 주관하고 서울특별시와 중랑구가 선정 후원하는 한용운문학상 공모전에 시부문에 응모하여 〈한용운문학상 우수상〉을 수상한 수제이다. 이제 그는 명실공히 기성시인이다. 그런 그가 이번에 첫 번째 시집, 〈춘녀의 마법〉을 펴낸다니 축하의 말을 전한다.

한 권의 시집을 엮어 내는 과정은 맨발로 가시밭길을 걸어야 하는 고통스러운 수행이다. 고생했다고 전하고 싶다. 이동춘 시인은 목사이기도 하다. 그의 형은 지구촌교회 담임목사 이동원 목사다. 온 집안이 기독교 신앙으로 사역을 하는 훌륭한 집안이다. 그는 건양대학교 교수이자 대학교 일을 수행하는 직장생활을 하면서도 그 와중에 짬을 내어 시

서 문

를 쓰고 수필을 쓰는 문필가이며 최상의 지성인이고 사람들의 감성을 지배하고 위로하고 치유하는 마법사다.

하지만 어찌 창작이 쉽겠는가. 한 편의 시를 쓰기 위해 시인은 하루종일 일을 하고 고단한 몸과 정신으로 숱한 고뇌의 밤을 하얗게 지새우며 고독감, 절망감, 그리고 허탈감 따위의 쓰디쓴 감정들을 추슬렀을 것이다. 가시밭길을 걸었을 것이다.

詩의 최고의 이상은 서정적 절규다. 혼의 울림이 없는 詩는 詩가 아니다.
현대시의 비평은 메타비평이다. 메타비평에는 숭고미, 골계미, 비장미, 우아미 등이 있으며 이 요소들은 생각을 키울 것이다. 그의 작품들은 이러한 문학적 요소들이 골고루 녹아 있고, 그의 서정성은 지구의 지장을 뚫고 우주로 향하고 모천母川으로 향한다. 한나라의 문화는 詩를 통해서 순도를 감정할 수 있다. 시인의 시는 순도가 높다.

그는 깨어 있는 시인이고 이해와 사랑과 용서에 시인이다. 첫 번째 시집을 펴내며 가시밭길의 접어든 시인에게 상투적 과찬은 어울리지 않겠으나 필자는 감히 칭찬을 아끼지 않고 싶다. 필자는 지난 70년간 시를 썼다. 이제 나이가 먹다보니 자칫 잃어버릴 뻔한 순수한 사명자의 첫사랑과 처음의 열정이 다시 떠올라 이내 나를 뜨겁고도 촉촉하게 만든다.

앞으로 늘 깨어 있는 시인으로, 늘 가슴 뛰는 시인으로, 우리 문단에 새로운 바람을 일으키는, 문인으로, 자리매김하기를 바라며, 선한 시심이 고스란히 전달되고 공감이 되어 독자들로부터 많은 사랑을 받기를 기도하며, 끝으로 거듭 축하드린다.

그의 시는 예지자적 희망의 파노라마다

- 김소엽(시인, 대전대학교 석좌교수, 한예총 회장)

시인을 일컬어 예지자 혹은 견자見者라고도 하는데 이때의 견자란 단순히 사물의 보이는 것만을 보는 사람이 아니라 사물 뒤의 보이지 않는 것까지 보는 투시력을 가지고, 그 보이는 물질이 함의 하고 있는 그 뒤의 비의 까지도 보라는 의미인 것이다. 물질을 투과하여 보는 사람을 의미한다. 이는 곧 시인의 예언자적 기능을 강조한 독일의 시인 횔더린(Johann Christan Friedrich Holderin 1770-1843)말을 떠 올리게 한다.

구약성서에 보면 많은 예언자들 선지자들이 나와서 유대 민족의 장래를 걱정하며 임금에게 하나님의 말씀을 전하고 우상을 섬기지 말고 오직 여호와 하나님만을 경외하며 섬기라고 전한다. 그리고 하나님을 떠나면 너희가 환난을 당하고 고난을 당하리라고 경고한다. 하나님의 음성을 듣고 전하는 사람들이 선지자로 예언자로 등장해서 민족의 지도자인 왕과 제사장과 민족에게 바른 길로 가라고 조언한다. 그것이 너희가 복을 받고 살 수 있는 길이라는 것이다.

마찬가지로 횔더린은 시인이야 말로 하나님의 가장 가까이에서 하나님의 영적 메시지를 듣고 그것을 대언하는 일을 해야 한다는 의미에서 시인은 예언자적인 사명을 감당해야 한다고 말한다. 나는 이 말에 굉장한 충격을 받았고 그런 시인의 사명을 감당하려고 애쓰며 살아왔다. 그런데 바로 이동춘 시인의 시를 읽고 일관되게 내게 다가온 화두는 첫 번째로 '희망'이라는 메시지였다.

평 설

　이 희망이라는 단어는 거의 대부분의 시에 일관되게 가장 많이 나타난 단어였는데 이는 그의 세계관과 인생관에 기인하는 것 같다.

　　황혼 그 아름다운 파노라마와
　　비유되는 삶을 살기 위해 찾아드는 어둠이여
　　너를 친구 삼는다면
　　새벽은 어느새 너의 선물로 다가와
　　붉은 희망을 토하리라

　　　　　- 〈석양의 축복〉 마지막 연

　　다시 밝아온 생의 한 페이지를
　　하얀 도화지 위에
　　희망의 오늘을 채색할 수 있는 까닭입니다

　　　　　- 〈희망을 채색하자〉 마지막 연

　　아직은 절망을 선언치 않았으니
　　그를 믿는 믿음 하나로
　　희망이란 놈 하나 잡으려
　　비틀거릴지라도 오늘 문을 두드린다
　　걸음의 끝자락에서
　　만나게 될 희망을 향하여

　　　　　- 〈절망하지 않는 이유〉 중 일부

　　차별 없이 누구에게나
　　희망이란 선물을 배달하고 있다

　　　　　- 〈태양의 열쇠〉 중 일부

　　내일이면
　　새로운 태양이 솟아오를 것이다
　　기다리자 찬란한 희망을

　　　　　- 〈버거운 삶〉 중 일부

저 멀리 실낱같은 빛줄기
절망의 경계를 넘어
등대가 있는 저 먼 곳을 향하여 가네

- 〈희망〉 중 일부

이렇듯 많은 부문에서 희망을 노래하고 있다. 이 암담하고 어두운 현실에서 그는 멀리 보이는 하나의 빛줄기를 잡고 그 등대를 향하여 믿음을 가지고 걸어가고 있는 것이다. 마치 독일의 신학자 몰트만이 희망의 신학을 정립했다면 이동춘 시인은 시로써 희망을 노래하기에 주저하지 않았다.

코로나로 지쳐가고 있는 군상들, 여타 정치 경제적 이유와 정의의 불균형과 기회의 불평등 부정과 부패 그리고 가치관의 혼란 등의 모든 사회적 위기 속에서 이 착잡하고 살맛 없는 세상에 희망의 메시지를 보낸다는 것은 시로써의 순기능을 하는데 큰 의미가 있다고 하겠다.

두 번째로는 실존을 시간이라는 한계 상황 안에서 조명했다는 점이다. 우리의 실존은 시간이라는 한정된 카테고리 속을 유영하는 실체인지 모른다. 마치 해빙처럼 떠돌다 눈 깜짝할 사이에 사라지는 유빙(流氷)처럼 시간의 바다 위를 떠돌다 사라지는 존재 말이다. 그래서 유빙은 존재 할 곳이 없다. 다만 순간적으로 떠돌다 흔적도 없이 사라질 것이다. 이것이 인간의 실존이다.

잠시 보이다가 없어지는 안개와 같은 존재요. 풀잎에 내린 이슬 같은 존재가 성서에 나와 있는 실존적 인간 이해이다. 해가 뜨면 금방 형체도 없이 사라져 버릴 그런 피조물에 지나지 않는 것이 인간이다. 순례자적인 삶을 사는 인간인 것이다. 그래서 휠더린(Johann Christan Friedrich Holderin 1770-1843)은 그 허망과 슬픔을 '인간은 시처럼 대지 위에

평 설

거주 한다'고 인간 실존의 빈집을 시로 채웠다. 거주한다는 것은 실존한다는 것이다. 시로써 존재되고 생존되고 실존한다는 뜻이다.

시는 한 작가의 정신세계 내지는 영혼의 세계라는 프리즘을 통해서 표현된다. 한 작가의 인생관이나 세계관을 배제하고는 표현되어 질 수 없는 것이다. 그의 깊은 영혼의 세계에 기독교적인 세계관과 인생관이 자리하고 있기 때문에 그의 손끝을 거쳐 나온 문자들은 그 정신세계의 산물일 수 밖에 없게 되는 것이다. 그래서 어떤 소재를 다루더라도 그 기독교적 세계관이 표출 되어지는 것이다. 그는 피조물이며 동시에 한시적으로 이 땅에 사는 순례자로서 존재한다. 위에서도 피력했듯이 나는 누구인가 나의 실존은 무엇인가 라는 궁극적 물음 위에서 시는 시작 되는 것이다.

이동춘 시인은 일찍이 인간 실존에 대한 깨달음이 있었던 것 같다. 그의 시는 그 실존에 대한 종말론적인 자각 때문에 하나님으로부터 선물로 받은 오늘을 감사하고 한 순간을 아끼고 싶었을 것이다. 그는 나이 들수록 순간 순간에 대한 애착과 함께 무소유의 깨달음에 이르러 이런 읊조림을 하게 된다.

　습작이 없는
　오직 한 번 뿐인 삶
　그 중 값없이 주어진 선물인 오늘

　거짓되지 않은 진실 된 삶의 족적을
　오늘이란 삶의 장에 남길 수 있다면
　우리가 걷는 인생 순례의 길이
　비록 험할지라도
　곧은 길, 부끄러움 없는 길 딛게 하소서

　　　　－〈다시 허락된 선물〉중 일부

시간과 시간 사이 작은 틈바구니
지나친 자국, 살아온 흔적들
나 어디쯤 멈추어서
잠시 사색의 시간에
내가 누구인가를 내게 묻고 묻다가

하루가 쏜살같이 지나며
해는 지고, 해는 다시 떠오르고
새벽은 언제나 슬며시 곁에 와있다

모진 비바람 견딘 후에
고뇌의 시간 흘러서
바위에 검푸른 이끼 덮이듯
그때는 나를 알 수가 있을까?

내가 누구인가를 깨닫기 위한 순례의 길
숨이 다할 때까지 걷고 걷는 길을
나는 오늘도 관성(慣性)처럼 걷고 있다

- 〈나를 찾아서〉 전문

해 뜨고 지는 언덕배기
작은 오두막 지어
거실 한 켠에 넓은 창 만들고
창가에 걸터앉아 저녁노을 보며
하루를 마감한다.

해 뜨고 지는 아름다운 어느 날
활짝 열어 둔 내 집에
옛 친구들 찾아와 반백의 머리 맞대고
도란도란 살아온 이야기 꽃 심을 제

그들과 함께한 황혼의 삶으로
아름슬펐던 노인의 외로움은 사라지고
우리 집은 기쁨의 집이며
벗들과 소통하는 집이며
화원의 꽃들과 눈 맞추는 낙원

- 〈낙원〉 전문

평 설

그는 이 땅에 살고 있는 날이 너무 아까워서 낙원을 만들지 않으면 안 되었을 것이다. 그의 기독교적 인생관이 종말론적이기 때문에 희망을 가지고 하나님께서 주신 하루 하루를 감사하게 살아 이 세상을 낙원으로 만들고자 하는 믿음을 바탕에 깔고 있다.

코로나로 지쳐있는 이 땅의 모든 분들이 이 시집을 읽고 위로 받으며 지금 내가 어디로 향해서 걷고 있는지 나는 누구인지 나의 실존은 무엇인지 무엇을 위해 누굴 위해 동분서주하며 한정된 시간 위를 살고 있는지 발걸음을 멈추고 한번쯤 생각해 볼 일이다. 그래서 〈석양의 축복〉을 누리는 여러분이 되길 바란다.

바람이 있다면 조금 더 함축미를 살렸으면 하는 아쉬움이 있긴 하지만 이미 상을 많이 받은 저력 있는 작가이고 대가이신데 사족을 단 점은 더욱 큰 시인으로 우뚝 서주실 것을 기대하는 마음과 아끼는 마음에서 나온 것 뿐이고, 쉽고 평이한 문체로 쓰여졌으면서도 아름다운 황혼을 보는 것 같은 이 시집은 독자 여러분들의 혼탁한 영혼에게 위안이 되기에 충분하다.
이동춘 시인의 시집 간행을 진심으로 축하드린다.

추천사

이동춘 시인의 시집 발간을 축하하면서

최성은(지구촌교회 담임 목사)

목회자는 글쟁이며 동시에 말쟁이입니다. 또한 묵상쟁이 이 기도 입니다. 말씀을 보고 그것을 기도하고 묵상하고, 마음의 생각을 정리하여 글을 씁니다. 그리고 그것을 입으로 뱉어내는 작업이 설교입니다.

그런 면에서 목회자는 평생을 글을 읽고 쓰는 직업입니다. 그러나 한 가지, 모든 목회자가 글쓰기의 일을 해야 하지만, 모든 목회자가 시인은 아닙니다. 시는 더욱더 많은 사색과 사유, 묵상을 거쳐서, 감성적이고, 비유적이고 해학적이고 지성적이고, 함축적인 언어를 만들어 내는 어려운 학문이기 때문입니다.

이동춘 시인은 이동원 원로 목사님의 형제로서 그런 달란트를 하늘로부터 받고 태어나신 부러운 가문의 한 분이십니다. 그러나 타고난 달란트와 더불어서, 삶의 애환을 깊숙이 들여다보는 긍휼의 마음과 더불어서, 탁월하고 예리한 시선으로 사물과 사건과 사람을 바라보는 시구들은 우리의 마음을 시원케 하고 감동케 하기에 충분합니다.

특별히 [희망]이라는 시를 묵상하면서, 인생의 항해 가운데 '코로나'라는 풍랑을 만나 극한 두려움에 있는 우리들에게, 그 인생의 배의 선장이 우리 주 예수 그리스도라는 사실을 다시 한 번 일깨워 주는 것에 대한 깊은 감사가 생겼습니다. 아무쪼록 이 시집을 통하여서, 삶의 생로병사와 희로애락의 사건들이, 신앙 안에서, 변치 않는 기쁨과 웃음으로 승화되시기를 소원하며, 추천 드립니다.
끝으로 축하의 말씀드립니다.

추천사

선한 시심詩心과 신앙심이 고스란히
전달되는 공감가는 시詩

최일도 (시인, 목사, 다일공동체 대표)

친구의 친구, 존경하는 스승이자 형님이신 분의 아우, 그래서 제 친한 친구라 부르는 유별난 친구가 시인 이동춘이다. 내가 그를 자세히 알지 못했던 시절, 페이스북에서 나의 절친 송길원 목사와 댓글을 통해서 그와 가슴을 열고 찐한 만남이 이루어졌다.

항상 거침없는 언어에 감성적이면서도 직설적인 화법, 그리고 그가 올리는 시를 읽다보면 가슴이 찡하다.
그리움과 이별, 노을 등 본향에 대한 향수가 그의 시에 은은하게 배어 있고 특히 병약한 이들을 위한 치유의 노래와 사회적 약자들을 보듬는 그의 시어는 독자에게 깊은 울림을 준다. 시대정신과 보편적 가치가 물씬 풍기는 작품들이다.

이동춘 시인의 시를 읽다 보면, 지난 34년간 거리의 형제들과 소외계층을 벗으로 여기며 나눔 사역을 하면서, 자칫 잃어버릴 뻔한 순수한 사명자의 첫 사랑과 처음의 열정이 다시 떠올라 이내 나를 뜨겁고도 촉촉하게 만든다.

시인 이동춘은 맑고 순수한 영성과 모든 삶의 순간마다 최선을 다하면서도 유머를 잃지 않고 항상 기쁘게 살고 있어 그의 시를 읽다보면 그의 선한 시심이 신앙심과 함께 고스란히 전달이 되고 공감이 되기에 독자들로부터 많은 사랑을 받으리라 확언한다.

한용운문학상 수상시인
춘녀의 마법
이동춘 서정시집

시인의 말_나눔의 성자 까치밥에 가르침을 받다 ·················· 4

서문_정적 절규와 성전의 기도가 영혼을 울리다
                                           이근배 / 6

평설_그의 시는 예지자적 희망의 파노라마다
                                           김소엽 / 8

추천사_이동춘 시인의 시집 발간을 축하하면서 ·················· 14

　　　선한 시심과 신앙심이 고스란히 전달되는 공감가는 시 ····· 15

1부 바람을 연모하는 꽃

석양의 축복 ·················· 22
희망 ·························· 24
희망을 채색하자 ············· 26
낙원 ·························· 27
협화음의 무대 ················ 28
바람을 연모하는 꽃 ·········· 30
하늘 ·························· 32
가을 속으로 ·················· 33
개인 하늘을 보니 ············· 34
나와 가을이 하나 되는 소리 ·· 35
푸른 음악회 ·················· 36
달콤한 청포도 사랑 ·········· 37
봄 불꽃 ······················ 38
잎새 ·························· 40
추억의 봉다리 속에는 ········ 41
찬란한 하루 ·················· 42
이방인의 거리 ················ 44
오월의 여왕 ·················· 45
오늘은 내일을 위하여 ········ 46

2부 삶이 흐르는 길목에서

인생의 겨울을 위하여 …………………… 48
하루 …………………………………………… 49
이번 가을에는 ………………………………… 50
생生의 문을 닫으며 …………………………… 52
이별 파티 ……………………………………… 54
새벽을 깨우는 기도 …………………………… 56
삶 ……………………………………………… 58
상념의 비가 내리는 날 ………………………… 59
생각의 나라 …………………………………… 60
삶은 걷는 것 …………………………………… 61
삶이 흐르는 길목에서 ………………………… 62
사이에 스치는 바람 …………………………… 64
시모詩母의 기도 ……………………………… 66
빛 아래 빚진 자 ……………………………… 67
봄소식 ………………………………………… 68
새해맞이 ……………………………………… 70
버거운 삶 ……………………………………… 71
밥 뜸들이듯 …………………………………… 72
가을에 반하다 ………………………………… 73
홀씨의 삶 ……………………………………… 74
상실의 시간 …………………………………… 75
달콤하게 고소하게 …………………………… 76
비밀의 방 ……………………………………… 78
노인老人의 창窓 ……………………………… 79
다시 허락된 선물 ……………………………… 80

3부 춘녀의 마법

나무의 기도 ······ 82
사랑의 계절 ······ 84
순례자의 길 ······ 86
아버지와 아들 ······ 88
내 마음의 여지餘地 ······ 89
절망하지 않는 이유 ······ 90
낙엽과 인생 ······ 92
나의 자랑 님의 기쁨 ······ 94
나를 찾아서 ······ 95
나무의 사회 심리학 ······ 96
태양의 열쇠 ······ 98
기다림의 끝 ······ 99
깨달음의 걸음 ······ 100
길 점점점 별 촘촘촘 ······ 102
무상한 인생 ······ 104
이별은 잠시 ······ 106
보고 싶은 도반들 ······ 108
춘녀春女의 마법 ······ 109
인생 열차는 멈추지 않았다 ······ 111
내가 오늘을 사는 이유는 ······ 112
세월호 꽃숭어리 지던 날 ······ 113
족적 ······ 116
하늘이 허락한 오늘 ······ 117
해넘이 ······ 118
봄 ······ 119

4부 낙엽되고 바람되어

낙엽되고 바람되어 ·· 122
불꽃 ·· 124
홍엽의 이별 공연 ·· 125
자화상 ·· 126
홍엽의 천국 여행 ·· 127
여운의 꼬리 ··· 128
여백 하나면 족하리 ·· 129
그리움도 쉬어 가라 ·· 130
경이로운 하루 ··· 131
먼저 떠난 그대 ··· 132
바람 난 간들바람 ·· 133
가을, 그 아름다운 사랑을 ······································ 134
그림자 ·· 136
분신 ·· 137
이슬꽃 ·· 138
탐욕 ·· 139
꽃이 띄운 편지 ··· 140
A letter from the Flower ···································· 141
어둠 속 마술사 ··· 142
Magicians in the Dark ·· 143
아버지 보고 싶어 ·· 144
I miss my father ·· 145
"가장 한국적인 것이 가장 세계적인 것이다." ·········· 147

1부
바람을 연모하는 꽃

석양의 축복

퇴근 길
산등성이 숲 사이로
황금빛 파노라마가 펼쳐졌네

쓸쓸한 석양은
가슴속 저민 핏빛 눈물
들킬까 봐 황급히 사위는 뒷모습이
우리네 삶을 닮았네

노을이 지면
땅거미 꾹꾹 기어들고
어둠에 익숙해지듯
나 어느새 처진 어깨가
고독이 익숙한 나이에 걸맞게
정적을 즐기는 삶이 되었네

그러나 밤이 짙고 깊게 익어야 하리
시나브로 은하계 별들이
촘촘히 푸른 등을 걸고
한 밤의 파티가 열리듯

황혼 그 아름다운 파노라마와
비유되는 삶을 살기 위해 찾아드는 어둠이여
너를 친구 삼는다면
새벽은 어느새 너의 선물로 다가와
붉은 희망을 토하리라

희망

절망의 바다
황망한 바다
코로나, 라는 잿빛 파도 위에서
광란의 한복판에 떠밀려 가는
가련한 난파선

두려워 절망하는 군상들!
아 다행히 그 배에는 노련한 선장 있었으니
그가 삿대를 잡네

절망의 바다
파도를 헤치고
요물과 사투를 벌이며 나아가네

저 멀리 실낱같은 빛줄기
절망의 경계를 넘어
등대가 있는 저 먼 곳을 향하여가네

우리는 연약하고 무력할 때에
절망의 순간에
그대가 언제나 곁에 있었음을 깨우치네

다만 너와 나 우리 모두는
그대를 잠시 잊었고
소중한 인연 소홀하게 모셨네

이제 절망을 극복하기 위하여
난파선은 노련한 선장을 믿겠나니
지혜자 그대, 두려움을 헤치고
저 빛을 향하여 우리를 인도하여 주오

희망을 채색하자

새벽, 살짝 열어 둔 창가로 찾아와
커튼을 흔드는 미세한 떨림
그것은 한 줌 바람의 속삭임이 아닙니다

새소리의 맞춰 동녘을 가르는
햇발의 눈부신 자태
그의 찬란함에 놀란 까닭입니다

모닝커피를 부드럽게 하는 것은
달달한 설탕과 우유의 고소함에
황금비율이 아닙니다

다시 밝아온 생의 한 페이지를
하얀 도화지 위에
희망의 오늘을 채색할 수 있는 까닭입니다

낙원

해 뜨고 지는 언덕배기
작은 오두막 지어
거실 한 켠에 넓은 창 만들고
창가에 걸터앉아 저녁노을 보며
하루를 마감한다

해 뜨고 지는 아름다운 어느 날
활짝 열어 둔 내 집에
옛 친구들 찾아와 반백의 머리 맞대고
도란도란 살아온 이야기 꽃 심을 제

그들과 함께한 황혼의 삶으로
아픔 슬펐던 노인의 외로움은 사라지고
우리 집은 기쁨의 집이며
벗들과 소통하는 집이며
화원의 꽃들과 눈 맞추는 낙원

협화음의 무대

열린 창문으로 새벽이 들어온다
커튼의 미세한 떨림이 있으니
한 줄기 바람의 속삭임만은 아니리라

콩새들의 지저귐이
수만 가닥 햇살의 눈부심이
그대를 사모하는 까닭만은 아니리라

떨림으로 시작되는 경이로운 하루,
누구에게나 주어진 인생의 장
하얀 도화지에 희망을 그리다가

캔버스 위에 놓아버린 붓,
아파하는 미완의 작품
신음하는 상관물 하나, 둘, 셋

새들이 지저귀고 따사로운 햇살이 드는 곳
희망을 향하여 다시 걷도록 조력하는
멋들어진 삶 어찌 아름답지 아니한가

오케스트라 교향곡 연주에 혼신을 다하는
합주가 전율의 기립 브라바가 터져나오니
당신과 나의 인생 어찌 아름답지 아니한가

바람을 연모하는 꽃

엉큼한 바람이
밀어를 속삭이기 위해
그녀를 만나면
왜 몽롱해지는 걸까?

그녀를 바라만 봐도
얼굴엔 홍조가 띠고
숨이 거칠어지고
가슴은 방망이질이고
두 눈은 선한 눈물이 맺히니

언제부터인가
바람은 바라기가 되었고
동반자요 평생동지가 되었다
오늘도 바람은 그녀의 은밀함을 들추려
손 춤을 춘다
머리를 쭈뼛 세우고
떨리는 손끝으로 은파를 치며
그녀의 마음을 더듬어 포획한다

물결처럼 촘촘한 허브를 통해
뜨거운 호흡이 전이되면
격정의 광풍이 불고
앙다문 꽃술이 흔들리며
바람과 여인은 한 몸이 되어
오르가즘에 오른다

대궁을 아프게 터트린 그녀가
아픈 사랑의 시詩를 쳐서
바람에게 바친다

"그대의 유혹에 흔들리어
꽃잎 한 장 한 장 떨어질 때마다
아픈 사랑의 시詩를 쳐서
사랑하는 그대에게 바칩니다
내 향기 온전히 바칩니다"

하늘

웃다가 울다가 기쁘거나 슬프거나
살아가는 삶의 이야기들을
내려다만 보는 그대의 시선

언제나 그랬듯이 무심한 듯 흐르는
별과 구름 낮과 밤의 보호자인
그대 시선이 늘 아래를 향하고 있다

그곳은 슬픔이 없다
고뇌도 신음도 없다
떼 지어 흐르는 구름들
그대의 거울은 청명하다

삶 중에 겪는 번민과 아픔과
슬픈 이야기들 물 흐르듯 흘러 보낸다
그대의 맑은 마음이다

그대를 올려다보니 참 좋다
구름에 꿈을 실어 보니 좋고
바람에 노래를 실어 보내니 좋다

가끔은 낮게 내려앉아 가슴 활짝 열어
만물萬物을 촉촉이 적시니
그대의 은혜로움이 좋다

머리를 쳐들고 올려다보며
거친 숨 토해내니
그대의 사랑으로 살 것 같아 좋다

가을 속으로

계절을 가로지르는 소리
가을을 재촉하는 소리
빗소리가 창문을 두드리네

갈잎 물들기도 전에
비에 젖은 잎사귀 축축 늘어지고
마음 천 근 만 근 무거운 아침

비바람 지나고 나면
가을은 익어가고 단풍은 타오르고
내 삶도 선홍빛으로 타들어 가리라

가을이 주는 쓸쓸함은
인생을 관조케 하는 하늘의 가르침
비에 젖은 새소리 고요를 다듬는다

흠뻑 젖은 홍엽이 고독한 아침
가을 날 내 인생의 열매는 무엇인지
빗소리 시제詩題로 다가온다

개인 하늘을 보니

하늘이 푸르른 날엔
다가올 사랑으로
가슴이 뛰고

안개로 마음 흐리면
퇴색된 우리의 사랑을
그리워하고

비 내려 마음 잠기면
가슴에 묻어 두었던
이별 서럽다

그러다 하늘 개이면
그리운 그대 생각에
미소 짓는다

나와 가을이 하나 되는 소리

마음을 소리로 표현한다면
어떻게 들려질지
그 소리에 음률이 있을지
마음에 울림이 있어 가슴이 벅차 오를지

아직은 알 수 없는 소리
그러나 이 소리를 찾아 들려주고 싶고
마음으로 소통할 수 있는
벗이 왔으매 감사한 계절이다

단풍은 이슬 머금고 잠이 들고
보고싶은 당신을 기다리는 가을밤
고요한 새벽 여명이 어둠을 가르는 소리
내 마음 열리는 소리

행복한 하루 열리는 소리
하늘과 땅이 화합하는 소리
나와 가을이 노래하는 소리

푸른 음악회

싱그러운 강바람 귓불 간질이고
잠자던 물빛의 마음을 흔들며
살랑살랑 호반을 깨운다

간드러지는 능수버들
물오른 봄이 거울에 투영된 듯
햇살에 투영되는 물결의 춤사위

솔나무 사이로 들려오는
지저귀는 새들, 바람의 속삭임
연둣빛 봄의 교향곡
대자연의 푸른 야외음악회

이 싱그러운 향연이
회색도시를 향한 토악질 한 마디!
"오늘 하루만이라도 정쟁을 그치고
연두빛 향연의 소리에 귀 기울이라"

달콤한 청포도 사랑

불처럼 뜨거운 여름 날
과수원 사잇길
바람결 타고 들려오는
소곤소곤 그대와 속삭이는 소리

햇살의 뜨거운 오지랖에
방울방울 진땀이 흐르고

송알송알 맺혀있는 청포도 따서
입에 물면 톡 터지는
우리의 상큼한 청포도 사랑

칠월 하늘아래
나이도 젊음도 주렁주렁
청포도 익어가듯
우리도 사랑도 익어 가겠네

봄 불꽃

불을 지핀다
화르륵 타오르는
봄 불놀이다

꽃들이 산화하여
새로운 생명들의 자양이 되니
꽃불은 다시 타오른다

삭풍을 이겨낸 생명들이
동토 저 밑에서 새순을 틔우고
미약한 존재의 헌신은 꽃대를 올린다

우리는 꽃불의 요람을 원할 뿐이라
그리 불 지피다 우리 인생
화르르 사위더라도

이 땅의 들꽃들을 틔우는
토양이 자양이 될 수만 있다면
어느 누구 하나 기억해 주지 않더라도

그대와 나는
민초들의 혼불을 불어넣어주는
봄 불꽃이었음을 후회치 않으리

잎새

젖은 가을 외로운 잎 새 하나
바람 등말 타고서 하늘 높이 솟구친다
멀리 높이 날아올라
혹 누가 잡을 수 없도록

하지만 날개 하나뿐이라서
아찔 짜릿한 활공의 기쁨도 잠시
이내 조락의 슬픔을 맛본다

아해야 너는 나와 닮았나 보다
애써 하늘을 날아보려 했지만
툭 떨어져 땅바닥에 뒹구는 모습이

네가 바람의 흔적이듯
나도 산하 어딘가 나뒹굴고 있다
흔적 하나, 전설 하나
행여 남길 수 있을까 하여

오늘은 이곳 내일은 저곳
가을 녘을 떠돌며
허공을 비행하던 너의 삶이
마치 나를 닮은 듯 아려오고

그조차도 날 수 없도록
비바람에 축축이 젖은 오늘은
너의 울음에 내 마음 엉기어
눈물의 무게를 더 하는구나

추억의 봉다리 속에는

늦게 귀가할 딸아이 생각에
봉다리 순댓국 꺼내어 데워 놓았다

투박한 뚝배기, 김 모락모락 나는
순댓국을 보며 입이 쩍 벌어질
딸아이 모습 눈앞에 선하다

그래그래 육십 넘은 애비
이 맛 들려 창피는 안면 속에 감추고
검은 봉다리 들고 설래발 떨고 다니지

나 어릴 적, 울 아버지 술이 거나하시면
군밤 봉다리 군고구마 봉다리 안겨주시던
봉다리의 추억 그립고 그립단다

나는 오늘도 또 다시
무엇인가를 손에 바리바리 들고
내 아버지 닮은 갈지자걸음을 걸을지도 모르겠다

아이야, 네 애비 손에 들린
봉다리 속에는 애비의 아버지 추억이 들어 있고
널 사랑하는 애비의 행복도 들어 있고
미래의 네가 챙길 추억이 들어있단다

찬란한 하루

찬바람 일렁이는 새벽
동편 하늘 희망을 기다리는 가슴은
셀레임으로 두근두근

잎사귀 하나 없는
마른 삭정이 감나무 끝자락에
외로운 까치 밥, 상처 난 붉은 홍시 하나
너도 나처럼 지난밤의
혼돈과 흑암을 견디었는가?

잠시 후에 어둠 걷히면
너 홍시는 신비한 빛에 감싸여
영롱하게 덧칠 되겠지

지난밤의 고독과
외로운 흔적 어느덧 사라지고
다시 오르는 동편의 축복이 떠오르고

감사해야 할 새 하루가
소리 없이 다가와 오늘을 두드린다
감사로 채색될 빛나고 아름다운 우리의 하루가!

이방인의 거리

찬 기운 머금은 바람이
여민 옷깃 사이로 파고들 때
이방인의 거리에는
외로운 이들의 움직임만 분주하다

누군가와 말 한 마디
나누기에도 살벌한 도시를
나홀로 쓸쓸이 걸어가고 있네
어디론가 목적지도 없이

찬바람에 파르르 떨리는 나신
이 황량한 추위 속에 나는 어디를 향하는가
머리 둘 곳 하나 없는
외로운 나그네들의 거리를

따듯한 온기를 찾아 종종거리다가
끝끝내 찾아드는 곳
결국 아버지의 누옥이 아닐런지
피안의 장소 너와 나의 본향

저 높은 곳을 향하여
걷던 걸음을 멈추게 할 본향
그 모천에 도달하기까지
아직 우리는 이방인일 뿐이리

오월의 여왕

오월의 중턱
푸르름 절정에 도달한
이른 새벽

아침 이슬이
푸른 잎사귀 끝에 살포시 걸터앉아
영롱한 빛을 발하지

그러다
홀연히 사라져
마법의 붉은 장미가 되지

그대가 잠시 머물던 시간
아쉬웠던 너의 흔적들을
붉은 태양 심정에 숨겼는가?

그대 붉은 숨결이 잠긴
찬란히 빛났던 하루가
새벽의 환희로 피어 올랐어

오늘은 내일을 위하여

오늘은
첫 사랑을 만나듯
두근두근 설렘으로

오늘은
첫 출근을 하듯
미소가 방글방글

오늘은
기다리던 손녀
가슴이 두근두근

오늘은
기대와 설렘으로
한 걸음을 내딛어 보자

오늘이란 하루 덧칠하여
빛나고 아름답게 그려지는
나의 초상화

살아가야 할 세월을
견고하고 미려하게 연단하여
소중한 미래를 만들기 위하여
보석처럼 빛나는 내 하루

2부
삶이 흐르는 길목에서

인생의 겨울을 위하여

푸릇푸릇한 연둣빛 봄 날
벚꽃과의 사랑에 흠뻑 빠져
뜨거운 여름이 오는 줄 몰랐다

지루하고 긴 장마에
습하고 지루한 나날이 짜증 부릴 즈음
원치 않은 광풍으로 삶의 굴곡이 있었지만
그래도 그때가 좋았음을 아는가?
시련 뒤에 와줬던 꿀 같은 휴식이 있었기에 말이다

긴 장마가 지나가고
하늘이 높은 청명한 가을이라
그러나 가을날 들녘에 풍요도 잠시뿐
아 어찌하리오
설화가 이리 속히 필 줄이야
노을이 사위어가는 쓸쓸한 시간아
그대 잠시만 멈추어다오

지나간 시간들 잠시 회상하면서
다시 오지 않을 오늘을 노래하리니
인생의 겨울을 준비하기 위함이리니

하루

새벽 창문 틈 사이로
어슴푸레 스며드는 빛 하나

삶의 틈 사이에 드는 빛살처럼
희망도 스몄으면 하는 마음이다

안개 언제 있었냐는 듯
빛나고 아름다운 하늘 어느새 열렸듯
나도 기지개 켜고
새 하루인 희망을 품는다

마침내
빛이 창을 투과하며
누리뿐 아니라 내게도 열린 하루

가슴에 품은 희망이
터질 듯 방망이질 한다
빛나는 하루를 시작하라고

이번 가을에는

가을이다
생각만 해도 가슴 뛰는
구월의 하늘 열렸으니
완행열차라도 타고 돌아올 기약 없이
어디론가 떠나고 싶다

가다가 차창 밖 풍광에 끌리어
이름 모를 어느 역에서 생각도 없이 걷다가
눈 시리게 맑은 하늘에 취하여
그리운 사람들 하나 둘 떠올려봐야지

풀벌레 우는 길섶을 걷다가
꿈을 꾸는 듯 아련한 옛 생각에
눈물 찍어 내다가 참을 수 없으면

살짝 맛이 간 미친놈처럼
길가에 주저 앉아서
꺼억꺼억 미친 듯이 통곡하련다

올 가을 행로에는
욕심, 욕망 훌훌 벗어 던지고
단풍으로 곱게 물든 그리움과
고운 추억 가득 채워서

다가오는 삭풍의 계절
지난 추억 꺼내 든 길고 긴 밤에
서러운 눈물 흘리지 않으려면
완행열차 추억 하나 있어야 한다네

생生의 문을 닫으며

계절 흐르고
시간도 따라 흐르고
내 걸음 멀리 옮긴 듯했는데
어느 날 보니 다시 그 자리에

인생은 어떤 것인지
흐르고 흐르다
어디로 가는지도 모른 채
삶과 죽음의 사선을 걷고 걷다가

힘이 들어 주저앉아
삶은 그런 거라고 타협할 즈음
그런 게 인생이라고
꽃 지듯이 떨어지는 것이라고

아니야 그것만이 삶은 아니야
피었다 지는 사잇길에 쌓아 둔
밉고 고운 정과 떨어지고 남은 꽃 진 자리
추억이 되는 삶의 흔적들

그 흔적들 바라보며
훗날 나를 기억하는 이들이
지는 꽃도 아름다웠다고 말해줄 수 있다면

생生의 문 닫으면서도 나 웃으며 떠나려네

이별 파티

나의 조카 앤드류여
네 살아낸 삶과 너의 영혼에
한없는 박수를 보낸다

소멸이란 무엇이며
生과 死 그 삶의
경계는 어디까지인가

이별을 축복이라
말하는 역설의 의미
떠나며 눈빛으로 전한 전율의 몸 짓
"왜 울어 난 괜찮아"

그래 그래
헤어짐이 현실이나
너의 몸짓, 남기고 싶은 한 마디
눈물일랑 감추고

생전 너의 모습
엷은 미소 어눌한 우리 말
아름다운 그 모습만
생각의 저장고에 담아 두련다

어이없는 이별에도
통곡하지 못함은
소멸이 곧 오메가 아니며
그 후 다가올 영원을 믿음이니

앤드류 앤드류
이제 고통의 시간은 멈추었다
슬픔의 너울은 벗어 버리고
하늘이 주는 평안으로 잠들거라

파티를 시작할 시간이다
가훈家訓대로 세상에서 잘 먹고 잘살다가
네 영혼 잘 떠났으며
너를 잘 보내야 하는 무대
네 영혼의 평안을 빌며
떠나는 너 그리고 남은 자를 위한 축제
다시 만나기 위한 축제의 시간이다

　　　　　　　　　　　조카 앤드류의 영전에
　　　　　　　　　　　See U again

새벽을 깨우는 기도

새벽녘 하늘의 메시지가
나를 겁박하니 두려움과 떨림으로
당신을 바라봅니다

내 안에 똬리 트던
죄악의 실체를 들켜버린
당황감에 숨을 곳 찾고 싶어지듯이
한순간 두려움이 파도로 밀려와
바다 안 깊은 곳으로 나를 끌어당깁니다

저항의 몸짓도 소용없다는 듯
발가벗겨진 육체는 거친 일렁임에 던져진 채
바다는 해산을 앞두고 신음을 토하고
그렇게 피울음을 터트릴 수밖에 없는 여명

당신의 무언의 메시지와
바다가 뿜어내는 위엄만으로도
한없이 작아지고 연약한 자임을 깨닫게 하시는
대자연의 주인 전능자시여
아 ~ 당신의 크기와 깊이 앞에서
내 교만을 질책하시는 음성에 겸손이 응답하라
새벽의 신비를 열어 주셨군요

그 옛날 얍복강 야곱처럼 무릎 꿇어
당신에게 순종하리라는 기도의 다짐으로
이 하루를 여오니 기도를 들으소서

그 새벽 야곱의 얼굴을
환히 비추시던 빛나고 아름다운 태양을
내게도 비춰 주소서
깨어있어 새벽을 맞겠나이다

삶

습작이 없는
오직 한 번뿐인 삶
그 중 값없이 주어진 선물 오늘

진실 된 삶의 족적을
오늘이란 장에 남길 수 있다면
우리가 걷는 순례의 길이 비록 험할지라도
곧은 길, 부끄러움 없는 길, 딛게 하소서
간절한 염원이 담긴 기도 하나로
이제 다시 시작입니다

혹독한 바이러스로 얼어붙은 마음들
칼에 배여 갈라진 환부처럼
가슴 도려내는 아픔들을 치유하기 위하여
정쟁을 그치고 마음을 합하여
다시 걸음을 옮겨야 할 시간

돛을 올리고 날개를 펼치며
험로를 뚫으며, 바닷길을 가르고
하늘 길을 다시 이어야 하기에
우리는 결코 멈추어서는 아니됩니다

그대와 나에게 주어진
선물로 주어진 오늘도 내일도
우리는 결코 멈추어서는 아니됩니다

상념의 비가 내리는 날

비 내린다
넋 놓은 채 음악에 빠져 든다
빗물 흐르는 창밖처럼
내 마음의 창에도 눈물 한 방울 툭

옛 생각 하나 두울
희미하게 떠오르며
시린 마음에 설움 한소끔 가슴에 담아

추억 한 페이지
그리움 한 페이지 넘길 때마다
빗물처럼 눈물 쏟아지고
어느덧 나는 깊은 상념에 젖어 든다

이 비 그치면
추억을 젖게 하던 자리에서
나 벌떡 일어서리라
일탈에서 벗어나 오늘을 살아낼 이유를 찾아서

비 내린다
상념의 자유 누리도록 더 퍼부어라

생각의 나라

찬바람이
아파트 숲 사이를 휘돌다
나를 끌어안는다

서성이는 바람에
몸뚱어리 잠시 맡기고 생각에 잠긴다

머리 위
달빛에 반사된 그림자조차도
춥다고 한풀 꺾인 밤이다

누군가가 부는
휘파람 소리와 사람들
수군거림에 귀를 막고 웅얼인다

어디로 가야 하는가?
바람은 저 바람은 어디로 가는가
내가 가야하는 길은 어딘가

맴도는 바람처럼
삶도 그 미로에 있을까?

삶은 걷는 것

플랫폼을 나와
낯선 거리를 어색한
걸음으로 걷고 있다

간이역을 빠져나온
여행객들의 모습 중에
나도 섞여 있다

위축된 어깨 위로
따사한 햇살 내리는데
나는 점점 더 작아지고

어디를 가기에
저리들 종종 달음질을 칠까?
재게-재게 걷는 사람들

나도 그들처럼
어디론 가를 향하여 본능처럼 걷는다
삶 아직 진행 중이고
삶이 걸으라 하기에
그러나 가야할 곳
내 아버지의 집이기를
기도하며 걸어야 한다네
종탑의 여운 칠흑 속으로 사라지네

삶이 흐르는 길목에서

쉬이 올려 보지 못했던 하늘
쉼표(,) 한 번 찍고서
무심코 고개를 쳐들고 올려다본다

가까운 듯 하나 닿을 수 없는 곳
유영하는 양떼구름 위에
그리움 드리운 듯 푸르고 섧픈 하늘

큰 숨 한 번 토하고서
낮은 곳 향하여 고개를 숙여
무심한 듯 나를 드려다본다

세월은 광속인가
청춘은 사라지고 노년이 나를 찾네
계절 계절이 곁 스쳐 지나며
내 삶까지 흡입했는가
혹 그럴지라도
삶 흐르는 길목을 지나다가
쉼표 하나쯤 찍고서
쉬어간들 뉘 뭐랄까

가을 하늘 참
푸르고 높고 그윽하다
이 하늘을 올려다볼 수 있고
쉬어갈 수 있음이 행복인 것을

사이에 스치는 바람

시간과 시간 사이
정적 같은 침묵이 흐른다
들려오는 소리 멈출 수 없다는 듯
초침 소리만 째깍째깍

사람과 사람 사이의 생각들이
같다고 할 수는 없으나
본디 이해와 환경의 차이일 뿐

사이와 사이사이에
젊음이 흐르고 계절이 흐르고
이마 위 깊은 주름이 패일지라도

사이와 사이 시공간에서
숙명처럼 살아가는 우리
삶의 이유를 찾고 찾는다

그대와 나 사이에
세상의 관계 사이에
복잡 미묘한 삶 사이에
횅한 찬바람이 스미네

오늘은 사이를 좁히고 좁혀
작은 가슴일지라도 세상을 품어
우리 사이 사이를 녹일 수 있으면
정말 그랬으면 좋겠네

시모詩母의 기도

가슴 헤집으며 태어난
시詩에는 통증이 배여 있다

눈으로 소리로 접한
시어詩語가 달콤하기야 하겠지만
시 한 수 탄생에 얽힌 낮과 밤
임부의 고통, 인고의 시간을
어찌 필설筆舌로 설명할 수 있으랴

그를 내어 놓으며
산고와의 전쟁으로
시인은 해산하는 여인네처럼
몸은 늘어졌고 눈동자는 풀린 채
아픔으로 스러질지라도
행여 제 새끼 정상인지
눈과 가슴으로 훑고 또 훑는다

마침내 통증과 함께 쏟아내는
기도 한 마디

"가슴으로 잉태한 아가야, 나의 시어詩語여
원하는 것 오직 하나
너는 세상의 소통되어라
세상을 위로하는 기쁨 되어라"

빛 아래 빚진 자

검은 밤하늘에
한 줄기 빛이 스며들면서
어둠은 쇠락해지고
대지는 아침을 가슴으로 안는다

곧 데워질 땅 위로
생존을 위한 꿈틀거림과 거친 숨결들이
살아 있음을 증명하기 위하여
공기 중 섞일 것이다
내가 흘리는 땀방울까지

궁창穹蒼 열리며
하루의 숙제가 시작되는 시간
오늘의 삶 중에 나는
내 호흡을 증명해야 할 것이다

빛이 머무는 동안은
나 아직 살아 있으니
나는 빛 아래 빚진 자이다

봄소식

태어나 처음 하는 분칠
누구에게 잘 보이려 화장질인가?
곱디고운 노란색 옷 입고
얼굴에 화사한 분칠을 하고
고운 미소로 마지막 인사를 하고
첫 화장으론 샘이나서
몸 화장까지 욕심을 내시나

시간 앞에서는
누구나 평등한 것을
앞서거나 뒷서거니
길고 짧음이 어떤 의미가 있을까?

형의 고운 모습은
한 줌 재가 되어 흙으로, 영혼은 하늘로
백치白痴 천사로 태어나 맑디맑았던 형아!
어눌한 목소리 찬송도 이젠 들을 수 없지만
한 가족이란 추억만 남기고 영면에 드는 형아!
우리 못다 한 이야기는 훗날로 미루자

그대 삶 그래도
남겨진 가족들에게
순전함과 천국 사모의 모습 보이고
아쉬움과 안타까움 아름 슬펐던 발자취
후회함 없다 기억 하노니
영원한 자유의 시공으로 이주함을 축복하리니

봄이 오면
노란 셔츠 입은 노래를
노란 진달래가 만발한
들판 내달리며 흥얼대던 형아!

노란 수의도 예쁘고 화장도 고왔던 형아
이별 아쉬워 봄소식 전해주는가
산과 들판에 개나리 질펀하게 피었다
노란 개나리 한소끔
하늘까지 배달할 수는 없을까?

새해맞이

어느새 송년의 계절이다
기억 아스라이 안개 같은 스침이
꿈결처럼 흘러간 시간

육신은 육신대로
고통스러운 불면의 시산이 익숙해질 즈음
광야의 바람 탓인가
코로나 바이러스가 몰고 온
생채기들을 가슴에 저장한 채
태양이 저문다

흐르듯 왔다가
노을 등선 넘기듯이
해 기울고 인생도 저물지만
바라노니
새해의 태양 떠오를 때
새 희망도 따라 떠올랐으면

그 희망이
상처뿐인 마음들
깨끗하게 채색되고 치유되리란 믿음으로
그대 오기를 소원하노니

버거운 삶

걸머진 삶
인생의 무거운 짐들을
썩은 동아줄 끊어내듯이
툭 하고 끝내 버릴 수 없지 않은가

누르는 삶의 무게
참 버겁고 무거워서
어깨 뒤틀리고 허리 휘어진 삶

그러나 해 질 녘 석양빛에
가슴 깊이 저며 두었던
눈물 한 방울 슬쩍 꺼내어
동공에 흘리어 석양빛 반짝임으로
내 아픔 위장할 수 있음이 얼마나 다행인가

그리 흘려보내자
다시 떠오를 해 앞에서
언제 눈물 흘렸냐는 듯
칠판지우개 쓱쓱, 무엇 적혀 있었냐는 듯

한날의 고난은 그날에 족함이니
내일이면 새로운 태양이 솟아오를 것이니
기다리자 찬란한 희망을

밥 뜸들이듯

그렇게 기다려 왔던 봄이 왔다며
날씨 따스한 척하더니
이내 한기 서려온다

늘 그래왔듯이
오는 봄을 시샘하느라
꽃샘바람 뒤 따르고

내 마음에도
시린 바람이 불어와
가슴까지 휑하지만

그 시간 지나면
내 가슴 덥혀 줄 봄볕
뜨거워지겠지

아직 이른 듯하나
밥 뜸들이 듯
시간 지다면 뜨거워지겠지

가을에 반하다

품에 안겨 온 바람
어제와 다른 바람이라서
흠칫 놀라서 잠시 뻘쭘해

이 신선하고 청량한
서풍 어디에서 날아들었는지
여름을 지우라해서 뻘쭘해

그대 달려온 이유
다 알 수는 없지만 당신이
내 가슴팍에 박히니 뻘쭘해

계절이 흘러 당신이
내 곁을 떠나려 할 때
너무 슬픈 이별이 될까 봐 뻘쭘해

오늘은 살가운 바람
갈바람으로 다가왔으니
나 오늘 그대 품에 안기니 뻘쭘해

그대의 치맛자락 언저리에 누워
가을을 유희하는 간들바람으로 살고 싶다는
내 엉뚱한 생각에 뻘쭘해

홀씨의 삶

홀씨 하나가
바람의 등을 타고 멋진 비행을 하다가
어느 들판에 예쁜 꽃 하나 틔웠듯

인생도 시간의 여행길이라
누군가와 함께 걸으며 뛰다가
살았었다는 흔적 하나 남겼으면 좋겠어

그대 삶도 이 땅 누군가에게
잠자던 대지를 깨워 새순 피워내듯
따사한 기운이 되었으면 좋겠어

봄을 알려오는 전령사처럼
새봄 연둣빛 피워내는 삶으로
추억 되었으면 좋겠어

상실의 시간

어디를 향하는가?
무엇을 찾으려 함인가?

잠시 아주 잠시만
내 걸음 멈출 수 있다면
나 걸어야 할 행로
수정될 기회 주어질지

아니 나의 남은 시간만이라도
다시 그려갈 수 있을지
만일 그러할 시간 있다면

멈추지 않는 시간
상실의 시간이기에
소환할 수 없는 시간이기에

겸허 하라, 낮아지라
가슴 헤집는 소리
새벽녘 자박거리는 초침 소리에
깨우치는 하늘이 열렸다

달콤하게 고소하게

같은 동네 사는 형님 부부와 저녁 식사 중에
폰으로 전해져 오는 감동적인 설화들
이 시대에도 선한 사마리아 여인이 있다

단체톡방 우물가 여인들의 심부름꾼이
숨이 넘어간다
"카톡, 카톡, 카카톡, 카톡"
맛동산 가져가라는 이웃 아주머니
답장하는 이웃들

내가 사는 명산 광교산 엉덩이가
여인들 웃음소리로 들썩인다
방앗간 하나 없는 동네 구석구석에
고소한 땅콩 내음이 퍼지고
동네 사람들은 히죽히죽 깔깔깔
모두 제 정신이 아니다

오독오독 바삭바삭
아래위 이빨로 돌려대는
무동력 방아 찧는 소리
깨무는 추억의 소리 들리고

사람 사는 맛이 사라진 땅
난지도에도 꽃이 피듯
썰렁하던 아파트 공동체에
다시 살아난 웃음소리 끝이 없다

늦게 소식들은 시인은 아쉬움에
詩 한 수 답가로 올리니
문고리 위에 걸어 둔 봉지 속, 맛동산
맛동산이 엮어준 살맛나는
우리 동네 웃음 바이러스

용인 신봉 더킨포그 아파트
정담 나누는 내가 사는 동네
더불어 사는 이웃들,
행복 그것이 별거더냐 소소하지만 작은 행복
맛동산 동네

비밀의 방

한 잎 두 잎
길가 뒹구는 너 주워서
나의 마음 한 곳
비밀의 방에 담아둔다

시간 지나면
빛바래 변색되기 전에
가을 향기라도
혹 담아 둘 수 있을까?

추억 하나
흔적 하나 찾아내어
행여 보고 싶은 날
아무도 몰래 꺼내서

그대 그리운 채취
맡아볼 수 있을까 해서
하나 둘 곱게 펴서 담는다
마음 한 곳 비밀의 방에

노인老人의 창窓

그대 그리운 날
가로수 서성이는 대로변 길가
오가는 사람들 사이 혹여 그대 모습
닮은 이 있을까 두리번두리번

그대 그리운 날
서성이는 이런 모습
행여 그대에게 들킬까
심장이 두그ㄴ두그ㄴ 콩다ㄱ콩다ㄱ
지나간 젊은 시절 그 때는 그랬었는데
가로수 아직 그 장소 그 자리다

그대 그리운 날
그때 그 자리, 그대 없는 그 자리
변한 것은 오직 스쳐가는 삶
지켜보는 초로初老의 노인 하나

무엇을 찾는 듯 두리번두리번
노인의 눈, 그 창窓에는 추억만 흐르노니

다시 허락된 선물

습작이 없는
오직 한 번뿐인 삶
그 중 값없이 주어진 선물인 오늘

거짓되지 않은 진실 된 삶의 족적을
오늘이란 삶의 장에 남길 수 있다면
우리가 걷는 인생 순례의 길이
비록 험할지라도
곧은 길, 부끄러움 없는 길 딛게 하소서 란
간절한 염원이 담긴 기도 하나로
이제 다시 시작이다

예측 못했던 바이러스로 얼어붙은 마음들
칼에 배여 갈라진 생채기처럼
가슴 도려내는 아픔들을 치유하기 위하여
야단법석 그치고 이제 마음을 합하여
걸음을 옮겨야 할 시간

당신과 나에게
다시 허락된 선물이라네

3부
환대의 마법

나무의 기도

지난해 봄 어느 날인가
옮겨 심어온 몇 나무의 잎사귀가
힘없이 축 늘어져 있다
본래의 토양과 조합이 맞지 않은 듯
심하게 몸살을 앓는 너

가지마저 휘어지고
얕은 실바람에도 흔들리다
툭 하고 떨구는 병든 잎사귀들

인생도
이런저런 이유로
아프고 하루하루 힘들다고
여기저기 신음소리 들려오는데

그래도 희망 있으리라는 믿음이
오늘을 버티게 하는 것
시간 지나면 토양에 적응을 하고
가지에 힘이 붙고 잎사귀 풍성해 지리라
믿음으로 물을 주고 거름을 주리

나라는 나무에게도
신음하는 우리 이웃에게도
희망이 싹트기를 기도하네
다시 봄은 올 것이기에 ~

사랑의 계절

가을이란 놈, 한 입 덥석 베어 물고서
시리고 허기진 가슴에 너를 담는다
해마다 쳐들어오는 가을이건만
누군가에게는 화려한 단풍의 추억으로
누군가에게는 조락의 슬픔으로
잊으려 해도 잊을리 없건마는
떨어진 낙엽처럼 쇄락한 그리움은
가슴에 영원히 기억되는 법

다시 피고 지는 낙엽의 계절을 기다리듯
이 땅에 남겨진 자들의 육신이 소멸하여도
다시 만날 수 있으리라는 희망 하나가
이 가을을 견디게 하는 유일한 이유일 게다

찬란한 석양에 화려한 불꽃놀이로
기쁨이 되어준 만추晩秋의 가을 잊지 못하듯
다가온 이별이 당황스러운 게 사실이다
그러나 피고 지는 삶, 가을처럼
너는 사랑을 심었고 결실을 이루었으므로
따뜻한 마음을 남겼으니 어찌 잊을 수 있겠는가?

너는 엄마 아빠의 희망, 가족의 자랑
하나님의 기쁨의 존재
소중한 네 가족품에서
결코 소멸되지 않는 빛이 되어
너를 사랑하는 이들을 지키는 등대지기로
불멸의 빛을 발하게 될 것이다

조카여 부탁 하노니
세상에서의 아쉬움은 잊으라
사랑은 영원한 것
우리 다시 만나서 못다 한 사랑을 넘치게 나눌
그 시간만을 기다리자
다시 나눌 부활의 계절을 소망하며

핏빛으로 물든 가을 끝자락
작은 아빠가

순례자의 길

목이 마르다
한 잔의 물로
해갈되지 않는 목마름

이 갈증
이 목마름을 채우려
순례의 걸음을 옮겨 보지만

물을 마셔도
길을 걷고 걸어도
채울 수 없는 갈증과 고독
가슴을 훑고 지나는데

"내가 목마르다" 하시며
십자가에서 피눈물을 흘리시던
그분의 갈증에 비할까?

십자가의 은혜로만 채울 수 있는 갈증
그 오아시스를 찾아
오늘도 순례의 여정을 찾는다

마르지 않는 샘 찾아
떠나는 순례자들의 걸음
영원을 향하는 축복의 걸음들이여
복 되리라 복 있을지어다

나는 아직 목이 마르니
인도 하소서

아버지와 아들

외로운 잎새 하나
하늘 높이 솟구친다
멀리 높이 날아라
누가 잡을 수 없도록

하지만 외로운 날개라서
아찔한 비행도 잠시, 곤두박질
땅으로 추락하네

마치 너는 나와 닮았나 보다
처절히 하늘을 날아보려 했지만
꽝 떨어져 땅바닥에 뒹구는 모습이

오늘은 이곳 내일은 저곳
가을을 떠돌던 잎 새의 삶이
마치 내 인생 같아 마음이 아려오고

그나마 잠시조차도 날 수 없도록
비바람에 푹 젖은 오늘은
비 울음과 마음의 눈물을 안으니
무게를 더하는구나!

내 마음의 여지餘地

하늘 맑고 고운 날
부는 소슬바람 결 따라
거리에 흩날리는 낙엽에
시선이 넋 나간 듯 꽂혔다

해지는 석양처럼
붉은 옷 입은 새각시
한복의 치맛단 흔들듯
미소 흘리며 하늘로 비상한다

옷고름 풀어 헤치며
속곳마저도 벗어 던진 채
너울너울 춤추는 갈엽에게서
내가 걸어야할 여로가 보이는 듯

어디서 왔다가
어디로 가려는가?
이제껏 걸어온 삶 어떠했는가?
나목裸木의 앙상한 모습은
내 인생의 여정旅程을 묻는 여지餘地이다

절망하지 않는 이유

웃어야 할 아무런 이유 없더라도
억지로라도 미소 지을 수 있는
오늘도 감사

가슴에 심겨진 울화
풀어낼 곳 하나 없어도
하늘 보고 헛웃음이라도
지을 수 있는 연기자들처럼

내 생명의 주관자 그분이
아직은 절망을 선언치 않았으니
그를 믿는 믿음 하나로
희망이란 놈 하나 잡으려
비틀거릴지라도 오늘 문을 두드린다
걸음의 끝자락에서
만나게 될 희망을 향하여

오늘 그 누군가가
내 삶의 이야기를 들어주고
희망이란 보따리 하나쯤
안겨줄 천사를 만날까?

믿음으로 걷는 길의 종착지엔
세상이 줄 수 없는 희망이 있기에
나는 아직 절망을 말할 수 없다

낙엽과 인생

잘 떨어진다
한 잎
두 잎
시간 흐르고
세월 흐르고
그동안 주름이 덜덜

잘 떨어진다
세 잎
네 잎
계절 흐르고
인생 흐르고
세다가 숫자를 잃었는데
그동안 백발이 성성

숫자를
더할 때마다
기력이 쇠잔하고
인생은 줄달음질 친다

가을이 숨바꼭질 하잔다
술래가 숫자 뒤로 숨자
저 만치에 한기寒氣란 놈이
반가이 나를 부른다

계절의 교행에서
인생을 관조하니
아직은 허용된 시간
겸허하라 감사하라 눈짓한다

나의 자랑 님의 기쁨

햇살 활짝
떠오르는 아침이나
어두움 짙어 가는 석양이나

오롯이
내 마음을 두렵고 떨림으로
그분을 위해 열어 두어야지

인생의 주인이신 전능하신 님
그가 행하실 내 하루의 기적
내게 주실 그 뜻 헤아림을 위하여

원하기는
오늘 하루도 그의 일하심을 통해서
실수 없는 하루였으면 한다

내 하루의 결실은
나의 자랑 님의 기쁨이기에!

나를 찾아서

시간과 시간 사이 작은 틈바구니
지나친 자국, 살아온 흔적들

나 어디쯤 멈추어서
잠시 사색의 시간에
내가 누구인가를 내게 묻고 묻다가

하루가 쏜살같이 지나며
해는 지고, 해는 다시 떠오르고
새벽은 언제나 슬며시 곁에 와있다

모진 비바람 견딘 후에
고뇌의 시간 흘러서
바위에 검푸른 이끼 덮이듯
그때는 나를 알 수가 있을까?

내가 누구인가를 깨닫기 위한 순례의 길
숨이 다할 때까지 걷고 걷는 길을
나는 오늘도 관성慣性처럼 걷고 있다

나무의 사회 심리학

바스락 사각사각
낙엽들의 화음 도처에 들리고
바람결 흩어지고 구르는 그대의 몸짓
이리 아름다울 줄이야

다가올 이별을 위하여
가야할 때를 아는 그대는
고독함을 품고 사는 아름다운 존재

수족 떨어뜨린 후
겨울 추위와 모진 바람 이는 시간을
몸으로 감내할 것 알고 있었는지
불평 한 마디 없이 버텨준 그대

버리고 벗어야
나를 비워야 살 수 있다고
너에게서 배우는 학습의 시간

욕심을 버리라
들려주는 너의 음원, 고독한 울림
바스락바스락 사각사각
상처받은 삶을 위로하고 치유하는
Healing의 노래, 고독의 곡조
너는 내게 찾아 든 치유의 송가頌歌였다

태양의 열쇠

새벽이 어둠을 다독이며
새 기운을 앞세운 채
경주하듯 품으로 달려든다

언제나 그 자리
정해진 그 시간에
차별 없이 누구에게나
희망이란 선물을 배달하고 있다

능숙한 청소부가
빗자락 한 자루로
밤의 오물을 깨끗이 쓸어 담듯

어둠을 뒤로한 채
새로운 활기活氣를 가슴에 채워
새 호흡으로 새 하루를 만들라
힘차게 떠오르는 너

동녘에서 찾아오는 희망이여
너는 오늘을 여는
깨어난 이에게 허락된 열쇠다

기다림의 끝

햇살이 뚫지 못할
두꺼운 구름은 없듯이

불어 닥친
잠시의 어둠과 고난 있다하여
빛없다 할 수 없기에
환란 중에도 기다릴 뿐이다

칠흑 너머 저 편
찬란하고 아름다운
새벽이 다가오고 있음을

잠시 머물던
어둠 사라지고 희망으로
다가올 싱그러운 새벽은

어두움을 이긴 이에게는
생명줄이며 희망이고 삶이다

깨달음의 걸음

우리는
나는 누구인가를
무엇인가를 알기 위해
길을 나서는 나그네들

나는 너를 찾고
너는 나를 찾으려는 듯
본능적으로 거리를 나선다

오늘처럼
비 나리는 날에는
창밖을 바라보며
창 너머 아스라이 떠오르는
그리운 얼굴을 본다

지난 여름 찌는 무더위
시원한 가로수 그늘 아래 서성이며
문득 떠오르는 얼굴을 그리워하기도

해지는 황혼녘
환장할 노을빛에 취하여
환청처럼 들려오는 음성에 눈물 흘리기도

나 너를 찾고
너 나를 찾으려
그리워하는 마음 하나 되어
우리가 가야할 영원을 향하여
걷고 또 걸을 뿐
찾다 보면 걷다 보면
알게 되리 알게 되리

오늘을 걷는 나의 걸음
내일을 걷던 너의 걸음
빛나고 아름다웠던 걸음들
서로 사모하던 영원의 걸음들

길 점점점 별 촘촘촘

시선을
멀리 할수록
길은 좁아지고
점 하나 아스라이 아득

길과 들
사라질 즈음
끝내 점 하나로
아스라이 없어지지

갈 길은
아직 남았는데
석양 이미 가까워
어둠 내리고 밤은 깊어져가고

길 사라진
넓은 하늘에
점으로 떠 있는
외로운 별 하나 반짝

그제야
반짝 놀란 가슴으로
지나왔던 길 되돌아보니
점점점 겹쳐진 길도 나도 사라지고
별 빛만 하늘 가득 촘촘촘

무상한 인생

하루가 저물면서 시간도 흐르고
더불어 세상도 흘러간다
너의 정갈한 흐름 속에는 나도 있으니
어느 날 그 어느 날
나도 흔적 없이 소진되어
세월은 나를 망각할 것이다

이를테면 그리움이란 언어조차도
내 생각 안의 언어인 랑그일 뿐이니
곧 잊혀 질 것이라 생각하며
스쳐가는 그대를 잡으려 염원하지

그래 그리 흐르거라
석양에 묻어 저무는 커다란 미궁에
내 모든 삶의 추억을 묻은 채
이제 사위어야 하는 황금빛 노을처럼
언제 이 땅 어딘가
잠시 머물렀었다는 흔적 기록하지

기억 하나 하나가 황금빛 노을과 함께
저물어 가는 삶, 삶, 삶,

그것으로 족한 인생이리라
내일은 "다 이루었다" 말씀하신
오직 님만의 권능으로
빛나는 세상이기를 소원함이라!

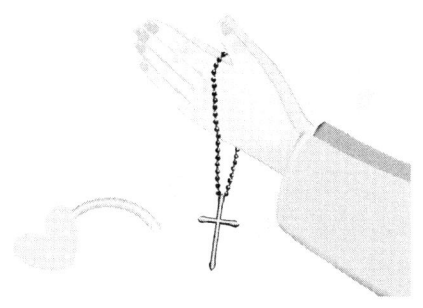

이별은 잠시

시간을 멈추게 할 수 있을까
화살촉같이 날아가던 시간이 구월을 알리는데
늦은 장맛비는 여름의 흔적을 지운다

그러나 시간이 흘러도
지울 수 없는 지나간 시간을 소환해봤어!
나는 군바리 삼촌 너는 따라쟁이 조카
열중~ 쉬엇, 차렷, 충성!,
라임을 반복하면서 행복해 하던 그날들
휴가 때면 목말을 태우고 눈 맞추던 사랑하는 조카여!

유학을 마치고 귀국한 너의 모습
세상의 모든 것을 다
포용해도 모자랄 가슴과 해맑은 미소,
샘솟는 지혜,
정말이지 너를 자랑하지 않을 수 없었다

그런 네가 갑자기 세상을 달리했다는 이별의 소식!
우리에게 이별이란
결코 슬픔만은 아니라는 가풍 있었다지만
불혹을 갓 넘긴 너와의 이별은
참기 힘든 고통의 시간이었다

누가 이별을 눈물이요 슬픔이라 했는가!
그러나 고통이 수반되지 않은 사랑은
사랑이 아니라는 듯
이 통절한 시간이 지나면 우리의 이별은
빛나고 아름다운 만남의 시간이 되리라는 믿음이
이 시간들을 재우는가 보구나

조카여!
칠흑 같은 밤이 정점에 와있는 가장 깊은 시간,
너와의 이별이 아쉬운 듯 장대비가 그치니
어둠의 정령이 두루마리구름 돌돌 말아서
어둠의 잠행을 떠나고 핏빛 여명이
온 산하를 가르며 마침내 아침이 오고야 말았구나

영원한 우리 함께 누릴 기쁨의 시간이 다가왔음이니
세상에서의 이별의 시간을 우리 잠시
인고의 아픔과 슬픔으로 녹여내며 이겨내자 꾸나

See U again
사랑하는 조카의 1주기에
작은 아빠가

보고 싶은 도반들

오랜 세월 같이하던 친구들
희미하게 멀어져 가는구나
너무 쉽게 안녕을 했어

이제껏 기쁨과 슬픔을 공유했던
그대들의 멀어져 가는 뒷모습,
해지는 나뭇가지 사이로
두둥실 떠도는 구름 사이로
서녘 노을 자락 사이로
환영처럼 사라졌어

참 좋은 추억을 남겨준 너희들의 소중함을
이제야 깨닫는 도반은
곧 다시 만나겠지 하는
희망이 있어

석양은 기울고
땅거미 꾹꾹 기어드는
밤이 이미 왔으니
꿈결에서라도 만날 수 있을거야

춘녀春女의 마법

귓불을 간질이는
소곤대는 소리들이
감미롭고 따사로운 날

차가운 기운을 뚫고
훈풍에 실려온 그대가 누구시길래
꽁꽁 얼어붙은 내 심혼心魂을
순식간에 빼앗아 가더니
눈 녹듯 녹아버렸으니
도대체 무슨 조화란 말이냐?

어질어질 나를 휘감고
요요 거리고 아롱거리는 그대의 술법에
나는 이미 정신이 반쯤 나갔으니
도대체 어쩌란 말이냐?

아라크네가 짜놓은 촘촘한
거미줄에 포획되어 헤어나지 못하고
사경을 헤매는 불나비처럼
시름시름 앓고 있으니

그대는 마녀인가?
속살거리는 감미로운 추파에
오늘도 낮달을 껴안고
시름시름 앓고 있으니

인생 열차는 멈추지 않았다

숨 한 번 쉬었을 뿐인데
하루가 흘러 사라지고
야속한 시간 여행은
새 하루로 포장되어 다시 시작이다
짧은 여행의 종착지를 향해
오늘도 질주하는 시간

잠시 멈춘
간이역에서의 휴식은 달달한데
면발 한 젓가락 휘젓다 말고
"열차 떠납니다" 방송 소리에
급히 오른다
다음 행선지 어디인지
확인할 사이도 없이
급하게 숨 한 번 들이쉬고
시간을 달리는 인생 열차

오늘 다다를 역,
어디인지 궁금한 하루
어디까지가 내 시간일지 알 수 없지만
아직 열차는 멈추지 않았다

내가 오늘을 사는 이유는

새벽, 열린 창가
커튼의 미세한 떨림
한 줄 바람의 속삭임이 아니다

새소리 지저귐 때 맞춰 떠 오른
햇살의 눈부신 자태
빛살의 일침에 화들짝 놀랐다

커피를 부드럽게 하는 것
달달한 설탕과 프림
우유 섞임의 조화가 아니듯

하늘에 펼쳐진 인생의 한 페이지
시간이란 도화지 위에
삶이란 희망을 덧칠할 수 있음이다
내가 오늘을 사는 이유는

세월호 꽃숭어리 지던 날

검푸른 파도 위로
눈물 젖은 꽃비 날리던 사월
혈血의 원혼이 중력을 거슬러
중천을 치받고 떠돌던 날

넋들이 쏟아내는 피눈물의 무게인가
이 참혹한 봄날,
벚꽃 아미 핏빛으로 물들고
미친 피바람 시공을 넘나들고
선혈이 낭자한 바다가
혼백을 쓸어안던 날

가녀린 세월화 꽃송이 피워내지 못한 채
검은 파도가 삼켜버린 비정한 날
비수에 꽂힌 가슴 부여잡고
넋 나간 피붙이들
천 근 만 근 걸음으로
핏빛 물길 건너던 날

원혼으로 떠도는 세월화
잊지 말자 했으나
쉬이 잊어버리는 매정한 우리들
참담한 이 사회, 비정한 이 나라
잔인한 군상들
네 혈육의 슬픔도, 네 조국의 행악도
네 친구들의 아픔까지
너희들의 용서로 이 바다에 묻는 날

우리 아들 딸들아
이제는 훨훨 날거라
아름 슬펏던 세상 뒤돌아 보지 말고
영원한 자유의 시공으로 날아가거라
다 자랐으나 펼치지 못했던 금빛 날개
활짝 펼쳐 날아가거라

사랑했다고 말하마
사랑했었다
죽을 만큼 사랑했었다

어느 날 그 어느 날
슬픈 는개비 흩날리던 팽목항 하늘
너희들이 수놓은 어여쁜 무지개
일곱 구름다리 위에서 서로 안고
화해의 입맞춤을 소원하노니
소원하노니

* 세월화(世越花): 세월호에서 산화한 젊은 영혼들을 은유화한 꽃
- 세상을 넘어간 꽃이란 뜻도 부여함

족적

꿈이련가
두 갈래 길
어둡고 음산한 길
밝고 화사한 길

한 길은
눈물조차 말라버린
어둡고 습하고 음산한 길

또 한 길은
도란도란 대화 소리
웃음소리 들리는 따사한 길

꿈에서 깨어
지나온 걸음을 되돌아본다
마음의 창을 열고 닦아
걸어야 할 길을 다시 정하고

꿈에서처럼
오늘을 걷는 족적이
삶을 나누는 따듯한 흔적으로
남겨 지기 위하여
다시 고행의 걸음을 옮겨보자

하늘이 허락한 오늘

시간에 쫓겨
성큼성큼 걸었을 뿐인데
나도 모르게 오늘이다

돌이켜 어제를 회고할 수 있음은
내게 주신 하늘의 축복이다

다시 주어진 시간
은혜의 소중함을 가슴에 담고
감사로 오늘을 영접한다

현자賢者여 다시 맞는 오늘을
어제와 구별하라
시간을 선물로 받았음이니

만일 그대 이 순간
호흡을 할 수 있다는 것은
숭고한 생명 허락받은 까닭이니

해넘이

아스라이 기억 저 편
미로 같은 구름 바다가
꿈결을 지나가는가

불면의 밤
고뇌의 시간들이
광야를 헤집고 다니듯

상처 쌓여
몹쓸 흉터만 남긴 채
새해는 살갑게 다가왔다가
노을처럼 사위어 스러질지라도

바람 같은 시간을 맞아
다시 맞서 싸우며 살아야 하지 않겠는가?
아직도 내 삶이 현실인
새해 왔음이다

봄

삼월을 보내며
꽃길이 활짝 열렸다
들숨과 날숨
한 번 쉴 시간 지났을 뿐인데

계절 바뀌어
따사한 봄볕에 굴복하듯
두꺼운 겨울옷
얼었던 마음 벗어 던지고

민들레 돌나물 냉이 솟아오른
산자락 정취에 반하여
정신이 가물해 진다

그래도 좋다
취한 듯 빠지면 대수는 아니리라
꽃 피듯 마음조차
활짝 깨어나는 계절

볕 아래 누워
봄의 기氣를 받으며
대지의 충만함에 취하여
하늘의 기운도 흡입한다

봄 가슴에 안기자
심장이 벌름벌름 헐떡이니
막혔던 동맥이 뻥 뚫린다

어둠을 거두고
지난 겨울의 흔적 지우며
새옷 갈아입고 꽃단장하고
그녀를 가슴에 정중히 들였다

4부
낙엽되고 바람되어

낙엽되고 바람되어

문득 네가 보고 싶어
어디론가 떠나고 싶어
한 잎 낙엽이 되어
네 곁에 뒹굴어 봤으면
바람이라도 되어
네 곁에 다가서고 싶어서
불어오는 바람과 함께
하늘을 같이 비상해 봤으면
아 가을 나의 가을이여!

수능 날 한파

바람이 갈잎을
미친 듯 뜯어내고 흩어 내린다

빗줄기와 함께 밤새
낙엽과 춤추던 어둠이 지나 갔는가

가을을 베어 생채기를 내듯이
광란의 밤 지새우고
한파가 점령군처럼 쳐들어왔다

우리의 아이들에게
생生의 전환을 위한
첫 한파이리라

수능 날이다
아이들아 불어온 바람에게 맞서거라
후회를 남기지 않도록 맞서거라
부모들의 염원과 너희들의 당당함으로
한파는 기가 꺾여서 도망갈 것이다

불꽃

토드득 톡, 톡,
힘 잃은 낙엽이 떨궈지며
문 두드리는 소리에
창밖을 기웃

아직은 열리지 않은 하늘
잠시 후 열릴 새벽에
작은 불꽃 하나가

상처 난 마음
굴곡진 마음을
야울야울 태우고
가을을 태우려 오른다
생명을 태울 작은 불꽃이!

홍엽의 이별 공연

바람 흐르는 사잇길
홍엽의 울음소리 사각
아직은 떠날 때 아니라고
밟히고 깨어지면서도 울부짖는다

너 홀로 아픈 건 아니리라
널 등에 업고 날고 있는 갈바람도
울컥이며 울고 있다

어여쁘게 단장한
너의 하늘 공연이
갈바람의 의지만은 아니라고

너도 울고
갈바람도 울고
하늘도 가슴 태우는 슬픔의 계절

자화상

내가 바라보면
너도 바라보고

서로 그윽하게
눈길을 주고받는데
우리들의 초췌한 모습이 슬프다

내가 슬픈 얼굴이더라도
너는 그윽하게 미소 지어주면 좋으련만
나를 바라보는 너도 슬픈 얼굴이니

거울아 거울아
네 속에서 사는 나의 환영을 위로 해줘
보이는게 다 아니라고
난 아직은 괜찮다고 한마디 해줘
방긋하고 미소 짓게 해줘
거울아 거울아!

홍엽의 천국 여행

선홍색 피를 뿌리듯
붉게 타오르는 너

이 찬란함에
넋 나간 시간조차 잊어버린
만추滿秋

격한 불꽃 사른 후
피륙 적삼 벗어 던지고
앙상한 알몸으로 나뒹굴며
슬픈 시나위 가락이구나

세상을 홀리던 화려한 색조
다 비우고 홀가분하게 길을 나선 너
가을바람이 너의 허물을 쓸어가고
석양은 넋을 안고 넘어가는데

이렇듯 태워서 비우는 삶
어찌 신성하고 아름답지 않다 하겠니

삶의 향기 젖은 산하에
붉은 추정秋情 다 남겨두고 떠나렴아

여운의 꼬리

어깨 뒤로 숨어든 저녁 햇살이
슬픔을 안고 돌아 산 너머 사라질 적에

눈물 한 방울 슬쩍 석양에 실어
가슴 속 슬픔 감췄건만

삶의 애잔한 모습
노을 사라졌어도
그리움의 여운이 되어 나타났는가?

꼬리 끝자락에 석양으로 실어 보냈던 눈물이
빛나는 별 되어 나를 비춰주는 여운이
총총 빛나는 밤이다

여백 하나면 족하리

너무 많은 것을
기대하지 않는다

내 마음 머무를 수 있는
푸르른 여백 한 조각
그 하나면 족하리

높고 청명한 하늘
떠다니는 구름에 꿈 얹을 수 있고
번민과 슬픔도 흘릴 수 있는
신이 선물로 주신 여백에

나의 지나온 흔적과
나의 오늘과 내일의 이야기들을
하나 둘 채워서
내 인생을 조각하고 싶을 뿐
먼 훗날 나, 다다라 머물러야 할 그곳에

그리움도 쉬어 가라

길 잃은 아이
엄마 품 찾아드네
밤거리를 하염없이 헤매고 다니네

달빛 머무르는
빌딩 숲 사이로 비치는 하늘 길
별, 혹성 개구쟁이들 춤추고
유성우 긴 꼬리가
빌딩 옥탑 꽃밭을 넘나들던 밤

바람의 알람이 울리네
달빛도 지우는 시간이라고
거리를 헤매는 아이
아련한 그리움 지우라고

저 멀리서 불씨처럼 작은
여명이 다가오고 있네
밤새 헤매던 눈빛,
밤새 거닐던 아이도
이젠 쉬어야 할 시간이라고

그리움도 쉬어 가라고
여명은 벌써 이만치 다가오고
밤은 저만치 엄마 품 찾아가네

경이로운 하루

저 멀리
하늘 한 편, 붉게 물드는 노을

불처럼 활활
새벽 꽃처럼 살포시 다가와

내 한 쪽
어깨에 무거운 듯 매달리는 당신

그러다가 투툭 낙하되어
어느새 저무는 하루여

새 하루 다시 붉은 꽃 이글이글
불태우며 피어오른 일출의 장엄함

누구나 언제나 볼 수 있음 아니기에
더욱 소중한 하루

이 하루를 사랑하는 이들과 더불어
호흡을 섞을 수 있는 행복한 삶

아름답고 경이로운 새날을 허락하신 전능자시여
당신의 기적을 체험하는 경이로운 날입니다

먼저 떠난 그대

시간 앞에서는
누구나 평등한 것을
앞서거나 뒤따르거나
길고 짧음이 어떤 의미가 있을까
우리 모두 언젠가
떠나야 한다는 명제命題 앞에서

그대 그래도 남겨진 우리들에게
순전함의 의로운 걸음
사람의 도리를 다해 걸었던 발자취에
후회함 없었음을 남겼으니

우리 또한 그대 길 따라
남겨진 자의 몫을 감당하다가
애써 웃음으로 만날 날을 기약하면서
저 하늘에서 누릴 영원한 안식처
그곳에 영면永眠 하기를
기도할 뿐이라네

바람 난 간들바람

싱그럽게 불어오는 바람을
가슴 안에 끌어 들인다

이 따사한 동풍이
어디에서 날아들었는지 알 수 없지만

당신이 내 가슴팍에 스몄으니
시간 흘러 그대 떠날 때 슬플지라도

오늘은 고운 바람아
새 계절이 내게 왔으니

하늘과 하나 되어 간들간들 휘저어
그대 치맛자락을 유혹하는
간들바람이고 싶다

가을, 그 아름다운 사랑을

사랑이
소리 없이 움트는 봄 지나고
뜨겁게 불태우던
장미향 짙은 정열의 여름 지나고
사랑의 과실 농익어 아람 맺히는
가을 슬며시 와 있다

사랑이
낙엽 떨어지기 전에는
그의 깊이를 알 수 없음이라

사랑의 달콤함, 사랑의 애잔함
사랑의 무게와 깊이는
낙엽이 핏빛 각혈을 토할 때라야
심장에 화인火印이 각인되었다는 것을 안다
사랑은 아픔으로 한 땀 한 땀 수놓는
변질되지 않는 아름다움이라

철없는 가을 숭배자들은
외로움을 곱씹으며 낙엽 따라
길을 걷고 걷다가 지친 어느 날 이르러서야
마지막 잎새 애처롭고
거리에 낙엽 뒹굴며 춤출 때 되어서
홀연히 다가온 가을과의
이별을 서러워하게 될 것이다

시간 그는 기다려 주지 않는
하늘의 선물이란 것을 모르듯이
계절 변하듯 가을 깊어지면
우리 모두는 그렇게 익어갈 것이고
노인의 창窓에 스쳐간 흔적과 함께
이제 우리는 상실의 세계, 동면의 나라를 향한
긴 여행을 준비해야 할 것이다
가을 그 아름다운 사랑을 간직한 채!

그림자

해 저무는 저녁
홀로 걷는 내 뒤에 낯선 이가 따라온다
나도 모르게 잰 걸음을 걷는다
같은 간격 두고 뚜벅뚜벅
쫓고 쫓긴다
머리발은 쭈뼛쭈뼛, 등골은 오싹

엉겁결 돌아다보니
늘 가까이 때론 멀리 존재하던
나와는 대면이 허락되지 않은
나와 또 다른 나의 분신이다
내 어깨 뒤에서 말없이 보호해 주는 친구

그래 이제 나도 그대의 친구 되어
늘 동행하리라
마음은 닿을 수 없어 안타깝더라도
늘 함께 동행하리라
그대와 나 인생험로에 남긴
발자국은 참 아름다우리라

분신

고와서 시선을 빼앗겼다
붉어서 너인 줄 알았다

내 마음을 앗아가는 너

고운 옷 벗어서
산등성이에 꽃불을 놓고

너의 몸을
처절히 불살라서

어둠을 낳고
별을 산란하고
쓸쓸히 떠나려한다

마지막 흔적
별꽃을 피우고서

이슬꽃

동녘 불꽃 타오르기 전
만날 수밖에 없는 너와 나

태양 떠오르기 전까지
행복한 밀월이었던 너와 나

순결을 잃으면
우렁각시처럼 스러지는 당신

그렁한 눈물 흘리며 이별을 고하지만
밤의 정령들의 주술로 다시 살아나는 그대

가슴에 하늘을 담은 그대는 나의 우주
자태가 영롱한 나의 순수

탐욕

소유
욕망의 뱃속처럼
채움으로 해결되지 않는 허기짐

소유
언제 깨어질지 모르는
금이 간 항아리 같은 것

소유
욕심이라는 질그릇 안에
담고 담아도 채워지지 않는 탐욕

오랜 세월 담아야 할 중용과 나눔을 못 담았어
소중한 것들 담기 위해 탐욕을 비웠어야 했어
버리고 내려놓았어야 했어

꽃이 띄운 편지

지난 밤 그대 흘린 피눈물
채 마를 사이 없어
이 새벽 편지 한 장 남겼는가?

그조차 잠시 후
강렬한 태양빛에 사라지겠지만
그대 남긴 눈물의 흔적

소멸하는 너의
비장한 모습을 보며
내 하루의 시작은 경이롭고

스러졌다 다시
결국은 살아나고야 마는
너에게서 나는 인생을 학습한다

수많은 밤의 사연을 담은 편지가 피워낸
아름다운 이슬 꽃,
그리움으로 피는 꽃!

A letter from the Flower

Who, at this dawn,
has left a letter here
when the tears she shed last night
still haven't dried up?

Even after a while
the beaming sunlight
will take away all
the traces of her tears.

Yet
I begin my day in awe,
watching her coldly fade away.

You collapse,
but in the end, you revive.
From you, I learn life.

The letter that holds
countless stories of the night–
from there blooms the flower of dew.
The flower born in yearning!

어둠 속 마술사

아직은 이른 새벽
어두움을 다독이며
재게 움직이는 검은 그림자들

거리에 토사물과 쓰레기를
쓸어내고 줍는다

잠시 후
떠오를 해를 맞이하기 위해
아침을 향해 뛰는 사람들의 발걸음을 위하여
저리도 바쁜 도시의 마술사들

새벽은 당신들의
빗자루로 열리고

우리가 함께 만들어 갈
세상을 향해 햇살이
누리에 쏟아져 내릴 때

마침내 우리가 꿈꾸는
희망의 아침이 열린다

Magicians in the Dark

At dawn, while it's still dark and cold,
the brisk movements of black shadows
pat and calm the darkness.

Sweeping and mopping
remains of last night's hustle—
vomits and garbage on the pave.

Soon, the Sun will rise
when footsteps hurry towards the morning.

Until then,
Magicians of the city
are busy to make their way.

You
open the dawn
with your sweet, blue voice.

When the sunlight
pours down on this world—
together, we build again,

that's when
at last,
our morning comes;

a hopeful morning
we all have dreamed of

아버지 보고 싶어

송편을 빚고
동그랑땡 녹두전 지글지글
고소한 내음에 뒤섞인 가족들 웃음
왁자지껄 사람 사는 소리
익숙한 소리 사이에

어느 때부터인가
명절에 들었던 아버지 소리가 사라졌다

어느 먼 훗날
세월이 지나 내 웃음도 끊기는 그날

내 자식들도
아버지의 다정한 소리를 그리워할까?

우리 아버지 보고 싶다고
눈물 흘릴까?

I miss my father

Small, round songpyeon*,
sizzling meatballs and nokdu-jeon**,
Laughter of family mixed with
the buttery scent of Chuseok***,
People chattering,
among the familiar sounds—

Since one moment,
I cannot hear the voice of my father.

Someday—
when time goes by
and my laughter ceases,
will my children
miss the tender voice of their father?

Will they cry for me,
"I miss my father?"

*

Half-moon shaped Korean traditional rice cake made out of newly harvested rice to celebrate Chuseok; the Harvest Moon Festival

**

Korean-style mung bean pancake with meat and vegetables, sizzled with oil on pan

***

Korean Thanksgiving Day on August 15th in the lunar calendar when families celebrate the harvest season

역자의 말

"가장 한국적인 것이 가장 세계적인 것이다."

    모두가 그렇듯이 때로는 참여자, 때로는 관찰자의 입장에서 나의 아빠와 그의 삶을 바라봐왔다.
    내 스스로 험한 사회에 정면으로 부딪혀보니 이 사회의 구성원으로서 지난 60여년을 살아온 내 아빠의 정체성도 조금 더 알 수 있을 것 같다. 그는 내가 눈치 채지 못할 때에도 내내 누구보다 한국적이고, 가족적이며, 사람과 자연만물에 대한 사랑이 깊은 사람이었던 것 같다.

    '핵가족화'라는 말이 사회 교과서에 등장한지도 제법 오래된 것 같은데, 내 아빠와 그의 형제들은 여전히 고집스럽고 고리타분하게도 모이는 편을 택한다. 그 속에서 매해 새로울 것도 없이 같은 음식 냄새, 같은 사람들의 소리, 같은 시시콜콜한 대화, 같은 소소한 추모를 경험해왔지만 아빠에게는 이 모든 오감이 특별한 자극들로 다가왔던 것 같다.

    7남매 중 굳이 '동춘이 아버지'라는 별명으로 불렸던 나의 할아버지에 대한 사랑도 이 시에 고스란히 담겨있다. 할아버지, 할머니에게 아빠는 거칠고 진해서 사랑하지 않고는 배길 수 없는, '매운 국물' 같은 아들 아니었을까? 그래서인지 아빠는 할아버지가 돌아가신지 한참 지난 지금도 여전히 처음과 다르지 않은 강도와 깊이로 할아버지를 사랑하고, 또 그리워한다.

    내가 한국의 모든 가족들을 경험해본 것은 아니지만, 3대,

많게는 4대가 함께 모여 남녀노소 할 것 없이 함께 송편을 빚고, 전을 부치고, 추수에 감사하며 추석명절을 보내는 것은 지극히 한국적이고 그래서 더욱 정스러운 문화일 것이다. 또한 부모님을 자신의 정체성 한가운데 두는, 다소 낡았지만 이의를 제기하기 어려운 아빠의 삶의 방식 또한 한국의 많은 아들, 딸들의 책임감과 효를 대변하는 것일 테다.

결론적으로, 아빠의 웃음소리가 끊기는 날, 아빠를 그리워하지 않기란 참 어려울 것 같다. 많은 것이 사라져도 사랑이 지나간 자리는 진하게 남기에, 그리고 그는 정말 사랑이 많은 사람이기에, 오래도록 그 자리가 무겁게 느껴질 것이다. 추석에는 더더욱 그의 냄새를 그리워하게 될 테다.

독자와 번역가의 입장에서도 아빠가 세상을 바라보는 독특하고 의미 깊은 방식이 매력적이며 두고두고 읽어나가고 싶은 글이라고 생각한다. 가장 한국적인 것이 가장 세계적인 것으로 추앙받는 이 시대에 아빠의 시 또한 그렇게 읽히고 사랑받기를 바라는 마음으로 번역작업을 하였다.

2022년 1월, '솔이 아빠'의 출간을 기념하며
딸 그리고 번역가 이솔

역자의 말

⟨I Miss my Father⟩ is a strictly 'Korean' poem that reflects the Korean culture of celebrating Chuseok, the Harvest Moon Festival. It originated from the Korean tradition of three to four generations gathering in one place to celebrate the holiday season with abundant food, expressing gratitude for the ancestors who looked after their farming and safety all year long. Songpyeon, meatballs, and nokdu-jeon are typical dishes you can taste on the Chuseok table. The job of making songpyeon usually calls for the participation of many family members including little children. Shaping it is not too hard, but there used to be a superstition that "if you make a pretty songpyeon, you can have a pretty child in the future." In this poem, the poet describes the scene of Chuseok using various senses so that readers can imagine the picture, hear the sounds, and feel the buttery taste and smell of it.

Having a strong sense of love, attachment, and responsibility for one's parents is also a very Korean value. Many sons and daughters feel the duty to obey, respect, and take good care of their parents when they grow old and weak, for they have sacrificed themselves to raise and educate their children with love and devotion. When the poet expresses his yearning to hear his father's voice again, readers can empathize with the strong love of family.

Of course, times have passed and both the Chuseok culture and sense of family are somewhat weakening across the Korean society, which makes the poet more special. His view of the Korean world will give readers a chance to understand the deep emotions hidden under the contemporary Korean culture.

Sol Lee, translator

한용운문학상 수상시인

춘녀의 마법

이동춘 서정시집

1쇄 발행일 _ 2022년 3월 22일
2쇄 발행일 _ 2022년 4월 11일
3쇄 발행일 _ 2022년 4월 13일
4쇄 발행일 _ 2022년 4월 30일
발행인 _ 이정록
발행처 _ 도서출판 샘문
저 자 _ 이동춘
감 수 _ 이정록
기 획 _ 신정하
편집디자인 _ 신순옥
인 쇄 _ 도서출판 샘문
주 소 _ 서울특별시 중랑구 동일로 101길 56, 3층(면목동, 삼포빌딩)
전화번호 _ 02-491-0060 / 02-491-0096
팩스번호 _ 02-491-0040
이메일 _ rok9539@daum.net / saemteonews@naver.com
홈페이지 _ www.saemmoon.co.kr (사단법인 문학그룹 샘문)
         www.saemmoonnews.co.kr (샘문뉴스)
출판사등록 _ 제2019-26호
사업자등록증 등록 _ 113-82-76122
샘문사이버교육원 (온라인 원격)-교육부인가 공식교육기관 _ 제320193122호
샘문평생교육원 (오프라인)-교육부인가 공식교육기관 _ 제320203133호
샘문뉴스 등록번호 _ 서울, 아52256
ISBN _ 979-11-91111-30-9

본 시집의 구성은 작가의 의도에 따랐습니다.
이 책의 저작권은 저자와 도서출판 샘문에 있습니다.
무단 전재 및 표절, 복제를 금합니다.

파손된 책은 구입처에서 교환해 드립니다.
본지는 한국간행물 윤리위원회 윤리강령 및 실천요강을 준수합니다.

도서출간 안내

도서출판 샘문 에서는

시인님, 작가님들의 개인 〈시집〉 및 〈수필집〉, 〈소설집〉 등을 만들어 드립니다.
시집(시, 동시, 시조), 수필집, 소설집(단편, 중편, 장편), 콩트집, 평론집, 희곡집(시나리오), 동요, 동화집, 칼럼집 등 다양한 장르의 출판을 원하시는 분은 언제든지 당 문학사 출판부에 문의해 주시기 바랍니다. 좋은 책을 만들어 드리기 위해 최선의 노력을 다하겠습니다.

빅뉴스

필명이 샘터인 이정록시인 (아호 : 지율, 승목)이 2020년 7월 31일 재발행한「산책로에서 만난 사랑」이 오프라인 서점, 온라인 서점, 오픈마켓에서 절찬리에 발매 되었으며, 특히 교보문고 에서는 1년간 베스트셀러를 기록하였으며, 현재 스테디셀러를 지속하고 있습니다.
샘문 시선집으로 유수에 로렴 출판사와 저명 시인들을 제치고 베스트셀러를 기록한 후 스테디셀러 행진 중이며 교보문고「골든존」에 등극한 것은 샘문 시선집의 브랜드력과 당 문학사 대표 시인인 이정록 시인의 저명성과 주지성이 독자 확보력이 최선상임이 증명 된 사례입니다. 또한 네이버에서 〈판매순위〉, 〈평점순위〉, 〈가격순위〉를 교보문고 등에서 1위를 지속하고 있는 시집을 네이버에서 전국서점을 모니터링 한 후 베스트셀러로 선정하였고, 이어 원형에 붉은색 사인(sign) 낙관을 찍어 줬습니다. 그 후 서창원 시인의 〈포에트리 파라다이스〉가 베스트셀러로 선정되었으며 강성화 시인, 박동희 시인, 김영운시인, 남미숙시인, 최성학시인, 서창원시인 시집이 또 베스트셀러로 선정되었습니다.
그 이후 이정록 시인에 후속 신간 시집 〈내가 꽃을 사랑하는 이유〉와 〈양눈박이 울프〉신간 시집이 3개월 째 베스트셀러(교보문고) 행진을 지속하며, 3쇄를 완판하고 현재「골든존」에 등극하여 현재 전시 중 입니다.

샘문특전

교보문고, 영풍문고, 인터파크, 알라딘, 예스24, 11번가 GS Shop, 쿠팡, 위메프, G마켓, 옥션, 하프클럽, 샘문쇼핑몰, 네이버 책 등 주요 오프라인, 온라인, 오픈마켓 서점 및 쇼핑몰에 공급하고 있습니다.
기획, 교정, 편집, 디자인에 최고의 시인(문학박사) 및 작가등 전문가들이 참여하여 감성이 살아있는 시집, 수필집, 소설집을 만들어 드립니다. 인쇄, 제본 용지를 품질 좋은 우수한 것만 사용합니다.
당 문학사 컨버전스 감성시집과 샘터문학신문, 홈페이지, 샘문 쇼핑몰, 페이스북, 밴드, 카페, 블로그 합쳐 7만명의 회원들이 활동하는 SNS를 통해 홍보해 드립니다.
당 출판사를 통해 국립중앙도서관 및 국회도서관에 납본하여 영구보존합니다.
당 문화사 정회원은 출판비 〈10% 할인〉이 적용됩니다.
교보문고 광화문 본점 매장에 전용판 매대에 전시됩니다.

문 의 처

TEL : 02-496-0060 / 02-491-0096 ㅣ FAX : 02-491-0040
휴대폰 : 010-4409-9539 / 010-9938-9539
E-mail : rok9539@daum.net
홈페이지 : http://www.saemmoon.co.kr
　　　　　http://www.saemmoonnews.co.kr
주소 : 서울시 중랑구 101길 56, 3층 (면목동, 삼포빌딩)
계좌번호 : 농협 / 도서출판 샘문 351-1093-1936-63

신 문 학 헌 장

　문학이 인간에게 어떤 역할을 하는지, 주는 감동이 얼마나 큰 것인지를 알아야 한다.

　작품을 출산하고 매체를 통해서 보여주고 이를 인간이 향수할 때 비로소 본질을 찾을 수 있다.

　시인, 작가들은 청정한 생명수가 솟아나는 샘물을 제공하는 마중물이 될 것이며 노마드 신문학파로서 별들이 꿈꾸는 상상 속 초원을 누비며 별꽃을 터트려야 한다.

　문학활동은 인간의 영성을 승화시켜 은사적, 이타적 인생을 살아가도록 구축해 주는 도구로 인간이 창조한 가장 심원한 예술이며, 갈구하는 본향을 찾아가고 이상을 실현시키는 수단이다.

　문학인은 시대정신을 바탕으로 황폐화된 인류의 치유와 날선 정의로 부패한 권력과 자본을 정화하고 보편적 가치로 약한 자를 측은지심으로 대하는 보호자가 되어야 한다.

　우리는 작금의 한국문학을 점검, 반성하며 이를 혁신하여 시대와 국민과 문학인이 함께하는 문학헌장을 제정하여 신문학운동을 전개할 것을 선언한다.

　첫째 : 삶에 기여하는 숭고한 문학을 컨버전스화 하고 고품격 콘텐츠로 승화 시켜 인류가 향수하게 한다.

　둘째 : 수천 년 역사의 한민족 문화콘텐츠를 한류화하여 노벨꽃을 피우고, 인류의 평화, 자유, 행복에 기여한다.

　셋째 : 위대한 가치가 있는 문화이기에 치열한 변화를 모색하고 품격을 최선상으로 끌어올려 세계문학을 선도하자.

2021. 06. 06

헌장문 저자 이정록